AF249648

LOI

ET INSTRUCTIONS MINISTERIELLES

SUR LA

POLICE DE LA CHASSE

(ÉDITION ANNOTÉE ET MISE A JOUR)

PARIS

LÉAUTEY, Imprimeur-Libraire de la Gendarmerie.

Rue Saint-Guillaume, 24.

LOI
ET INSTRUCTIONS MINISTÉRIELLES

SUR LA

POLICE DE LA CHASSE

(ÉDITION ANNOTÉE ET MISE À JOUR)

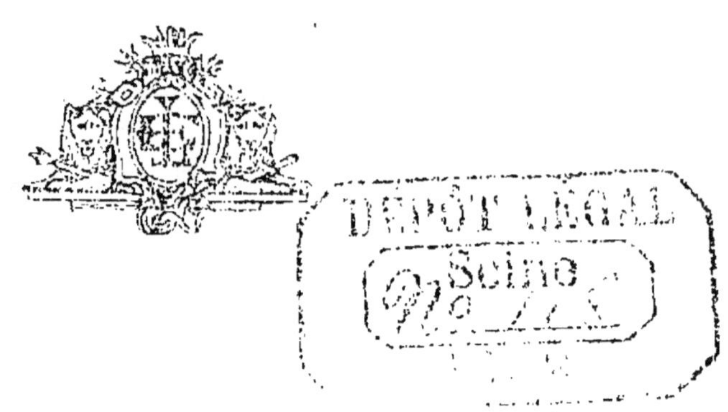

PARIS

LÉAUTEY, Imprimeur-Libraire de la Gendarmerie

Rue Saint-Guillaume 24.

LOI

ET INSTRUCTIONS MINISTÉRIELLES

SUR

LA POLICE DE LA CHASSE

Au palais des Tuileries, le 3 mai 1844.

LOUIS-PHILIPPE, Roi des Français, à tous présents et à venir, salut.

Nous avons proposé, les Chambres ont adopté, NOUS AVONS ORDONNÉ ET ORDONNONS ce qui suit :

SECTION Ire.

DE L'EXERCICE DU DROIT DE CHASSE.

Art. 1er. Nul ne pourra chasser, sauf les exceptions ci-après, si la chasse n'est pas ouverte, et s'il ne lui a pas été délivré un permis de chasse par l'autorité compétente.

Nul n'aura la faculté de chasser sur la propriété d'autrui sans le consentement du propriétaire ou de ses ayants droit.

NOTA. — Aux termes de la circulaire ministérielle du 21 septembre 1821, la chasse est interdite aux sous-officiers, brigadiers et gendarmes (Mémorial, *p. 543 et 544 du 3e volume*).

En campagne, elle est interdite aux militaires de tous grades. La gendarmerie signale les infractions à cette règle (*Art. 58 de l'instruction du 18 avril 1890, sur le service prévôtal aux armées*)

2. Le propriétaire ou possesseur peut chasser ou faire chasser en tout temps, sans permis de chasse, dans ses possessions attenant à une habitation et entourées d'une clôture continue faisant obstacle à toute communication avec les héritages voisins (1).

3. Les préfets détermineront par des arrêtés publiés au moins dix jours à l'avance les époques des ouvertures et celles des clôtures des chasses, soit à tir, soit à courre, à cor et à cris, dans chaque département (loi du 22 janvier 1874). (Ces arrêtés seront pris par le préfet de police pour la circonscription de la préfecture de police.)

4. Dans chaque département, il est interdit de mettre en vente, de vendre, d'acheter, de transporter et de colporter du gibier pendant le temps où la chasse n'y est pas permise (2).

(1) Si un arrêté préfectoral autorise les propriétaires à détruire, sans permis de chasse, les moineaux sur leurs fonds, le chef de gare ne fait qu'user d'un droit en se livrant, sur la propriété de la compagnie, à la destruction de ces animaux (*Cour d'Alger, 3 mars 1888*).

(2) La vente du gibier en temps de neige ne peut pas être assimilée à celle faite après la clôture de la chasse (*Cass., 22 mars et 18 avril 1845, et circ. du 22 juillet 1851, Mémorial, 4e volume, p.* 361).

Il est accordé une tolérance de un ou deux jours après la fermeture de la chasse. — Circulaire du ministre de l'intérieur du 22 juillet 1851).

La loi n'autorise pas la saisie du gibier sur la personne d'un chasseur trouvé en délit de chasse (V. *Journal de la gendarmerie, p.* 456 *de* 1875, *arrêt de la Cour d'appel de Paris du* 14 *février* 1876, *et le* Formulaire des procèserbaux, *édition de* 1881, *p.* 153).

Le 7 mars 1874, le ministre de l'intérieur a décidé qu'à

En cas d'infraction à cette disposition, le gibier sera saisi et immédiatement livré à l'établissement

l'avenir la tolérance dont on use pour le transport des lapins de garenne serait étendue aux sangliers.

Sur l'avis du préfet, le transport, la vente et le colportage du sanglier peuvent s'effectuer pendant la fermeture de la chasse, pourvu que chaque envoi soit accompagné d'un certificat de provenance (V. Mémorial. 9e *volume, p.* 25).

La circulaire du ministre de l'intérieur en date du 7 avril 1874 autorise l'importation, sur notre territoire, du colin de Virginie.

La circulaire du ministre de l'intérieur du 5 avril 1878 autorise la vente et le colportage, en temps prohibé, des lièvres blancs de Russie (*Bulletin du ministère de l'intérieur, p.* 112).

Le gibier d'eau étranger ainsi que les lapins de garenne peuvent être introduits en France en tout temps, en se conformant aux dispositions de la circulaire du ministre de l'intérieur du 25 avril 1879 (Mémorial, 9e *volume, p.* 63).

La caille de passage peut être transportée et vendue jusqu'au 1er mai (*Circ. du min. de l'intér. du 11 mai 1878*).

Les perdrix vivantes et autres gibiers trouvés à domicile ne sont pas prohibés, à moins que ce ne soit dans un lieu public ou qu'il y ait dans la même maison des engins de chasse prohibés (*Cour de Bourges, 2 novembre 1844.* — Journal de la gendarmerie, 1er *novembre 1856*).

Le gibier pris avec engins prohibés ne peut pas être saisi lorsque la chasse est permise (*Cour de Grenoble, 26 décembre 1844*).

La recherche du gibier peut être faite dans les voitures de messageries, aux gares et dans les paniers, mais jamais sur les personnes. — Un simple soupçon ne peut, même dans une forêt, autoriser un garde forestier à fouiller les vêtements d'un individu présumé porteur d'engins de chasse prohibés, et le procès-verbal constatant la saisie de ces engins découverts par suite de cette perquisition est nul comme entaché d'abus de pouvoir (V. *un arrêt de la Cour de Rouen du 17 avril 1859, et le* Journal de la gendarmerie *du 21 avril 1873, p.* 159).

Les faisans dorés, les faisans argentés, les faisans *Lady*

de bienfaisance le plus voisin, soit en vertu d'une ordonnance du juge de paix, si la saisie a eu lieu au chef-lieu du canton, soit d'une autorisation du maire, si le juge de paix est absent, ou si la saisie a été faite dans une commune autre que celle du chef-lieu. Cette ordonnance ou cette autorisation sera délivrée sur la requête des agents ou gardes qui auront opéré la saisie, et sur la présentation du procès-verbal régulièrement dressé.

La recherche du gibier à domicile ne pourra être faite que chez les aubergistes, chez les marchands de comestibles, et dans les lieux ouverts au public.

Il est interdit de prendre ou de détruire, sur le terrain d'autrui, des œufs et des couvées de faisans, de perdrix et de cailles.

5. Les permis de chasse seront délivrés, sur l'avis du maire et du sous-préfet, par le préfet (1) du département dans lequel sera domicilié ou *résidera* celui qui en fera la demande, et par le préfet de police aux personnes ayant leur domicile ou *leur résidence* dans la circonscription de la préfecture de police (2).

Amherst et les faisans vénérés, élevés en France ou à l'étranger, et les colins de la Californie, recouverts de leurs plumes, peuvent être introduits, colportés, exposés et mis en vente en tout temps (*Circ. du min. de l'intér. en date du 31 janvier* 1888).

(1) Les sous-préfets délivrent des permis de chasse en vertu de l'art. 5 du décret de décentralisation du 13 avril 1861 et des circulaires du ministre de l'intérieur des 12 juillet 1860 et 3 août 1861.

(2) Les quittances de versement ne peuvent pas tenir

La délivrance des permis de chasse donnera lieu au payement d'un droit de quinze francs (15 fr.) au profit de l'Etat, et de dix francs (10 fr.) au profit de la commune dont le maire aura donné l'avis énoncé au paragraphe précédent.

Les permis de chasse seront personnels; ils seront valables pour tout le royaume, et pour un an seulement.

6. Le préfet pourra refuser le permis de chasse :

1º A tout individu qui ne sera point personnellement inscrit ou bien dont le père ou la mère ne serait point inscrit au rôle des contributions;

2º A tout individu qui, par une condamnation judiciaire, a été privé de l'un ou de plusieurs des droits énumérés dans l'art. 42 du Code pénal, autres que le droit de port d'armes;

3º A tout condamné à un emprisonnement de plus de six mois pour rébellion ou violence envers les agents de l'autorité publique;

4º A tout condamné pour délit d'association illicite; de fabrication, débit, distribution de poudre, armes ou autres munitions de guerre; de menaces écrites ou de menaces verbales avec armes ou sous condition; d'entraves à la circulation des

lieu de permis. — Circulaire du ministre de l'intérieur du 1er juin 1860.

Le jour de la délivrance du permis ne compte pas dans le délai d'une année auquel a été fixée la durée de ce permis (*Cass., 22 mars* 1850).

La gendarmerie doit recevoir communication des listes des permis de chasse délivrés soit par les préfets, soit par les sous-préfets. Cette communication doit être faite au moyen d'états nominatifs (*Circ. du min. de l'intér. du 5 août* 1887).

grains; de dévastation d'arbres ou de récoltes sur pied, de plants venus naturellement ou faits de main d'homme;

5° A ceux qui auront été condamnés pour vagabondage, mendicité, vol, escroquerie ou abus de confiance.

La faculté de refuser le permis de chasse aux condamnés dont il est question dans les §§ 4 et 5 cessera dix ans après l'expiration de la peine.

7. Le permis de chasse ne sera pas accordé :

1° Aux mineurs qui n'auront pas seize ans accomplis;

2° Aux mineurs de seize à vingt-et-un ans; à moins que le permis ne soit demandé par eux avec l'assistance et l'autorisation de leur père ou tuteur, porté au rôle des contributions;

3° Aux gardes champêtres ou forestiers des communes et établissements publics, ainsi qu'aux gardes forestiers de l'Etat et aux gardes-pêche;

4° Aux interdits

8. Le permis de chasse ne sera pas accordé :

1° A ceux qui, par suite de condamnations, sont privés du droit de port d'armes;

2° A ceux qui n'auront pas exécuté les condamnations prononcées contre eux pour l'un des délits prévus par la présente loi;

3° A tout condamné placé sous la surveillance de la haute police (1).

____

(1) Il n'y a pas de délit de chasse dans le fait d'un individu qui a chassé avec un permis obtenu par suprise et en violation de l'art. 7 de la loi du 3 mai 1844, qui défend d'accorder des permis à ceux qui n'ont pas exécuté les condamnations prononcées contre eux pour fait de chasse, sauf

9. Dans le temps où la chasse est ouverte, le permis de chasse donne, à celui qui l'a obtenu, le droit de chasser de jour, soit à tir, soit à courre, à cor et à cris, suivant les distinctions établies par les arrêtés préfectoraux (1), sur ses propres terres,

le droit du préfet de faire cesser la violation de la loi par le retrait du permis, qui, dans ce cas, ne couvre plus les faits de chasse à partir du jour où le porteur a reçu notification de la mesure (*Cass.*, 30 *mai* 1873).

La privation du droit d'obtenir un permis implique la privation du droit de chasse lui-même; ainsi celui qui a été privé pour un certain temps, par un jugement devenu définitif, du droit d'obtenir un permis de chasse ne peut pendant ce même temps se prévaloir et faire usage du permis qu'il avait obtenu antérieurement (*Loi du 3 mai 1844, art. 6, 7, 8 et 18. — Cour de Nancy, 29 février 1864, et Cour d'Amiens, 21 mai* 1874).

(1) La loi du 22 janvier 1874 accorde aux préfets le droit de prendre des arrêtés pour défendre la destruction des oiseaux, ou pour chasser ceux de passage, en indiquant le mode et les engins d'après l'avis du conseil général (Circ. du 30 janvier 1874. — V. *Mémorial de la gendarmerie*, pages 4 et 9 du 9ᵉ volume).

Lorsqu'un arrêté préfectoral pris pour l'exécution de l'art. 9 de la loi du 3 mai 1844 autorise la destruction des animaux nuisibles qu'il énumère, notamment des pies et des pigeons ramiers, à l'aide de pièges autres que des lacets, en excluant formellement l'emploi du fusil pendant les périodes de suspension ou de fermeture de la chasse, le prévenu qui a fait usage du fusil en temps de neige pour détruire des pies ou des pigeons ramiers ne peut exciper du droit accordé par ledit art. 9, à tout propriétaire, de détruire les bêtes fauves, même avec des armes à feu. Le législateur a distingué les animaux nuisibles ou malfaisants de ceux qu'il désigne sous le nom de bêtes fauves. Au nombre de ces derniers, qui peuvent sans doute être détruits en dehors de toute intervention de l'autorité, on n'a jamais compris le menu gibier, notamment les oiseaux (*Cass.*, 11 *juin* 1880).

et sur les terres d'autrui avec le consentement de celui à qui le droit de chasse appartient.

Tous les autres moyens de chasse, à l'exception des furets et des bourses destinés à prendre le lapin, sont formellement prohibés (1).

Néanmoins, les préfets des départements, sur l'avis des conseils généraux, et le préfet de police, dans la circonscription de sa préfecture, prendront des arrêtés pour déterminer :

1° L'époque de la chasse des oiseaux de passage autres que la caille, la nomenclature des oiseaux et les modes et procédés de chaque chasse pour les diverses espèces (2);

2° Le temps pendant lequel il sera permis de

(1) Ne sauraient constituer des engins de chasse prohibés par la loi du 3 mai 1844, les trappes qui ne peuvent, par elles-mêmes, capturer le gibier, et qui servent uniquement à lui donner accès dans un lieu lorsqu'elles sont ouvertes et à l'empêcher d'en sortir lorsqu'elles sont fermées (*Cass.*, 18 *décembre* 1886).

Les mues et cages destinées à capturer les faisans sont, de leur nature, des engins prohibés. En conséquence, commet le délit de chasse avec engins prohibés l'individu qui capture des faisans à l'aide de mues et cages agrainées lorsqu'il est établi que le prévenu n'avait pas pour but exclusif l'élevage des faisans capturés (*Cour de Paris 5 février* 1889).

Lorsqu'un procès-verbal constate que le prévenu, étant en chasse, a passé sans autorisation du propriétaire sur un champ couvert de sa récolte, le juge de simple police ne peut isoler du délit de chasse, pour le juger séparément comme contravention, le fait du passage sur un terrain couvert de sa récolte. Ce fait, aux termes de la loi du 3 mai 1844, est une circonstance aggravante du délit de chasse (*Cass.*, 3 *février* 1893.)

(2) Voir la loi du 22 janvier 1874 et les circulaires des 30 janvier et 29 juillet de la même année, au sujet des petits oiseaux et des oiseaux de passage (*Mémorial de la gendarmerie*, pages 4, 9 et 79 du 9ᵉ volume).

chasser le gibier d'eau, dans les marais, sur les étangs, fleuves et rivières ;

3º Les espèces d'animaux malfaisants ou nuisibles que le propriétaire, fermier ou possesseur pourra détruire en tout temps sur ses terres ou les terres d'autrui, avec le consentement du propriétaire, et les conditions de l'exercice de ce droit, sans préjudice du droit appartenant au propriétaire ou au fermier de repousser ou de détruire, même avec des armes à feu, les bêtes fauves qui porteraient dommage à ses propriétés.

Ils pourront prendre également des arrêtés :

1° Pour prévenir la destruction des oiseaux ou pour favoriser leur repeuplement (1) ;

2° Pour autoriser l'emploi des chiens lévriers pour la destruction des animaux malfaisants ou nuisibles (2) ;

3° Pour interdire la chasse pendant les temps de neige.

19. Des ordonnances royales détermineront la gratification qui sera accordée aux gardes et gendarmes rédacteurs des procès-verbaux ayant pour objet de constater les délits (3).

(1) Voir la note au renvoi (2), à la page 10.

(2) Les renards doivent être considérés comme des bêtes fauves et nuisibles, alors même qu'ils n'ont pas été déclarés tels par arrêté préfectoral. En conséquence, le propriétaire ou fermier qui se livre à la destruction de ces animaux en temps prohibé, à l'aide de fusils et de chiens, ne commet pas un fait de chasse, mais un acte de légitime défense, en vertu du droit qui lui est reconnu par l'art. 9 § 3 de la loi du 3 mai 1844 (*Cour de Rennes, 18 juillet 1887*).

(3) La gratification due à l'agent verbalisateur est de dix francs par condamnation prononcée (*Loi du 26 décembre 1890*).

SECTION II.

DES PEINES.

11. Seront punis d'une amende de seize à cent francs :

1° Ceux qui auront chassé sans permis de chasse ;

En cas de transaction ou de remise des amendes encourues ou prononcées, la gratification due à l'agent verbalisateur est toujours réservée (*Même loi*).

Par suite, le recouvrement peut en être poursuivi contre les condamnés alors même que ceux-ci se sont pourvus en grâce (*Circulaire de la comptabilité publique du 30 décembre 1890*).

Après entente entre les administrations de la guerre et des finances, il a été décidé que tout jugement prononçant une amende *distincte* contre chacun des prévenus compris dans une même poursuite donne droit à autant de gratifications qu'il y a eu d'amendes prononcées (*Note ministérielle du 21 octobre 1891*).

En matière de chasse, le droit à la prime est acquis à l'agent verbalisateur du jour où le jugement, de condamnation est devenu définitif (*Circulaire du directeur général de la comptabilité publique du 8 décembre 1891*).

La loi du 26 mars 1891 sur l'atténuation et l'aggravation des peines ne s'applique pas aux amendes prononcées par les tribunaux de simple police (*Même circulaire*).

Si les délits constatés ont été dénoncés par des gardes, les gratifications sont partagées avec ces agents (*Lettre du ministre de la justice du 10 février 1879*).

Les héritiers du gendarme décédés ont droit aux gratifications acquises (*Solution du ministre des finances du 6 juin 1865*).

Les mandats de payement relatifs aux gratifications dues aux agents verbalisateurs ne sont émis par les préfets que sur la demande des ayants-droit et sur la production par les services compétents de tous les éléments nécessaires à l'attribution régulière des gratifications, et notamment des

2º Ceux qui auront chassé sur le terrain d'autrui sans le consentement du propriétaire.

L'amende pourra être portée au double si le délit a été commis sur des terres non encore dépouillées de leur fruits, ou s'il a été commis sur un terrain entouré d'une clôture continue faisant obstacle à toute communication avec les héritages voisins, mais non attenant à une habitation.

Pourra ne pas être considéré comme délit de chasse le fait du passage des chiens courants sur l'héritage d'autrui, lorsque ces chiens seront à la suite d'un gibier lancé sur la propriété de leurs maîtres, sauf l'action civile, s'il y a lieu, en cas de dommages (1) ;

extraits d'arrêts ou de jugement (*Circulaire de la comptabilité publique du 30 décembre 1890*).

Le montant total de la gratification simple ou multiple se partage entre tous les rédacteurs du procès-verbal, et entre tous les hommes de la brigade si les constatations sont le résultat d'un ordre, d'une plainte, d'une réquisition, d'une dénonciation, etc., c'est-à-dire si les rédacteurs n'ont pas agi de leur propre mouvement. (*Art. 181 du décret du 12 avril 1893*).

La réclamation des primes pour constatation des délits de chasse ou de pêche doit être formée dans le délai de cinq ans, à partir du jour de la condamnation des délinquants. Passé ce terme les sous-officiers brigadiers et gendarmes sont déchus de leurs droits. (*Art. 197 et 198 du décret du 12 avril 1893*).

(1) Les piqueurs peuvent suivre leurs chiens sans qu'il y ait délit (*Cass., 30 novembre 1860*).

L'auteur d'un délit est celui qui a matériellement exécuté les actes constitutifs de ce délit. Par suite, l'individu qui en sa qualité de maire, a organisé une battue dans un bois communal, mais n'a point pris part à cette battue, et n'a fait formellement aucun acte de chasse, ne peut être considéré comme auteur principal d'un délit de chasse (*Cass., 19 janvier 1894*).

3º Ceux qui auront contrevenu aux arrêtés des préfets concernant les oiseaux de passage, le gibier d'eau, la chasse en temps de neige, l'emploi des chiens lévriers, ou aux arrêtés concernant la destruction des oiseaux et celle des animaux nuisibles ou malfaisants ;

4º Ceux qui auront pris ou détruit, sur le terrain d'autrui, des œufs ou couvées de faisans, de perdrix ou de cailles ;

5º Les fermiers de la chasse, soit dans les bois soumis au régime forestier, soit sur les propriétés dont la chasse est louée au profit des communes ou établissements publics, qui auront contrevenu aux clauses et conditions de leurs cahiers de charges relatives à la chasse.

12. Seront punis d'une amende de cinquante à deux cent francs, et pourront, en outre, l'être d'un emprisonnement de six jours à deux mois :

1º Ceux qui auront chassé en temps prohibé ;

2º Ceux qui auront chassé pendant la nuit ou à l'aide d'engins et d'instruments prohibés, ou par d'autres moyens que ceux qui sont autorisés par l'art. 9 (1) ;

3º Ceux qui seront détenteurs ou ceux qui seront trouvés munis ou porteurs, hors de leur domicile, de filets, engins ou autres instruments de chasse prohibés ;

4º Ceux qui, en temps où la chasse est prohi-

______

(1) A défaut de constatations très précises, la nuit peut être réputée commencée — sauf réserve de la preuve contraire — dès que le crépuscule a pris fin, c'est-à-dire, dès que le soleil est descendu à plus de 6 degrés au-dessous de l'horizon (*Tribunal d'Etampes, 4 mars 1891*).

bée, auront mis en vente, acheté, transporté ou colporté du gibier;

5° Ceux qui auront employé des drogues ou appâts qui sont de nature à enivrer le gibier ou à le détruire;

6° Ceux qui auront chassé avec appeaux, appelants ou chanterelles (1).

Les peines déterminées par le présent article pourront être portées au double contre ceux qui auront chassé pendant la nuit sur le terrain d'autrui et par l'un des moyens spécifiés au 2e paragraphe, si les chasseurs étaient munis d'une arme apparente ou cachée.

Les peines déterminées par l'art. 11 et par le présent article seront toujours portées au maximum, lorsque les délits auront été commis par les gardes champêtres ou forestiers des communes, ainsi que par les gardes forestiers de l'Etat et des établissements publics.

13. Celui qui aura chassé sur le terrain d'autrui sans son consentement, si ce terrain est attenant à une maison habitée ou servant à l'habitation, et s'il est entouré d'une clôture continue faisan obstacle à toute communication avec les héritages voisins, sera puni d'une amende de cinquante à trois cent francs et pourra l'être d'un emprisonnement de six jours à trois mois.

Si le délit a été commis pendant la nuit, le délinquant sera puni d'une amende de cent francs

(1) Les appeaux, appelants ou chanterelles sont classés parmi les instruments de chasse prohibés; toutefois, lorsque l'emp'oi à la chasse des oiseaux de passage en a été autorisé par le préfet, la détention de ces engins ne constitue pas un délit (*Cass.*, 16 *juin* 1848).

à mille francs, et pourra l'être d'un emprisonnement de trois mois à deux ans, sans préjudice, dans l'un et l'autre cas, s'il y a lieu, de plus fortes peines prononcées par le Code pénal.

14. Les peines déterminées par les articles qui précèdent pourront être portées au double si le délinquant était en état de récidive et s'il était déguisé ou masqué, s'il a prix un faux nom, s'il a usé de violences envers les personnes ou s'il a fait des menaces, sans préjudice, s'il y a lieu, de plus fortes peines prononcées par la loi.

Lorsqu'il y aura récidive, dans les cas prévus en l'art. 11, la peine d'emprisonnement de six jours à trois mois pourra être appliquée si le délinquant n'a pas satisfait aux condamnations précédentes.

15. Il y a récidive lorsque, dans les douze mois qui ont précédé l'infraction, le délinquant a été condamné en vertu de la présente loi.

16. Tout jugement de condamnation prononcera la confiscation des filets, engins et autres instruments de chasse (1). Il ordonnera en outre, la destruction des engins prohibés.

(1) Les engins prohibés ne peuvent être saisis dans la maison d'un particulier qu'en cas de visite domiciliaire légalement opérée ou en vertu de réquisition du ministère public et d'une ordonnance du juge d'instruction (*Circulaire du garde des sceaux du 9 mai 1844*).

On entend par engins ou instruments de chasse ceux qui, matériellement et directement, tels que filets, raquettes, lacets, collets, saisissent ou tuent le gibier, sans qu'il soit nécessaire de recourir au fusil. Il n'en est pas de même du miroir pour prendre les allouettes, parce qu'il ne constitue ni appât dans le sens du n° 5 de l'art. 12 de la loi du 3 mai 1844, ni un appelant ou chanterelle dans le sens du n° 6 du même article (*Cours de Grenoble du 2 janvier 1845 et de Besançon du 12 janvier 1866*).

Il prononcera également la confiscation des armes, excepté dans le cas où le délit aura été commis par un individu mnni d'un permis de chasse, dans le temps où la chasse est autorisée.

Si les armes, filets, engins ou autres instruments de chasse n'ont pas été saisis, le délinquant sera condamné à les représenter ou à en payer la valeur, suivant la fixation qui en sera faite par le jugement, sans qu'elle puisse être au-dessous de cinquante francs (1).

Les armes, engins ou autres instruments de chasse abandonnés par les délinquants restés inconnus, seront saisis et déposés au greffe du tribunal compétent. La confiscation et, s'il y a lieu, la destruction en seront ordonnées sur le vu du procès-verbal.

Dans tous les cas, la quotité des dommages-intérêts est laissée à l'appréciation des tribunaux,

17. En cas de conviction de plusieurs délits prévus par la présente loi, par le Code pénal ordinaire ou par les lois spéciales, la peine la plus forte sera seule prononcée.

Les peines encourues pour des faits postérieurs à la déclaration du procès-verbal de contravention pourront être cumulées, s'il y a lieu, sans préjudice des peines de la récidive.

18. En cas de condamnation pour délits prévus par la présente loi, les tribunaux pourront

_____

(1) En cas de condamnation d'un individu poursuivi pour avoir, en temps prohibé, chassé aux lapins avec bourses et furets, il y a lieu de prononcer confiscation que relativement aux bourses et non relativement aux furets, qui n'en sont pas plus passibles que les chiens (*Cour de Poitiers*, *10 mars 1865*).

priver le délinquant du droit d'obtenir un permis de chasse pour un temps qui n'excédera pas cinq ans.

19. La gratification mentionnée en l'art. 10 sera prélevée sur le produit des amendes.

Le surplus desdites amendes sera attribué aux communes sur le territoire desquelles les infractions auront été commises.

20. L'art. 463 dn Code pénal ne sera pas applicable aux délits prévus par la présente loi (1).

SECTION III.

DE LA POURSUITE ET DU JUGEMENT

21. Les délits prévus par la présente loi seront prouvés, soit par procès-verbaux ou rapports, soit par témoins à défaut de rapports et procès-verbaux, ou à leur appui.

22. Les procès-verbaux des maires et adjoints, commissaires de police, officiers, maréchal des logis ou brigadier de gendarmerie, gendarmes, gardes forestiers, gardes-pêche, gardes champêtres ou gardes assermentés des particuliers, feront foi, jusqu'à preuve contraire.

23. Les procès-verbaux des employés des contributions indirectes et des octrois feront également foi jusqu'à preuve contraire, lorsque, dans la limite de leurs attributions respectives, ces agents rechercheront et constateront les délits prévus par le 1er paragraphe de l'art. 4.

(1) L'art. 463 du Code pénal est relatif aux circonstances atténuantes que les tribunaux peuvent admettre. Ainsi, en fait de délit de chasse, il ne sera jamais admis de circonstances atténuantes; la loi sur ces délits devra toujours être exécutée dans toute sa rigueur.

24. Dans les vingt-quatre heures du délit, les procès-verbaux de gardes seront, à peine de nullité, affirmés par les rédacteurs devant le juge de paix ou l'un de ses suppléants, ou devant le maire ou l'adjoint, soit de la commune de leur résidence, soit de celle où le délit a été commis.

25. Les délinquants ne pourront être saisis ni désarmés ; néanmoins, s'ils sont déguisés ou masqués, s'ils refusent de faire connaître leurs noms, ou s'ils n'ont pas de domicile connu, ils seront conduits immédiatement devant le maire ou le juge de paix, lequel s'assurera de leur individualité (1).

26. Tous les délits prévus par la présente loi seront pourvuivi d'office par le ministère public, sans préjudice du droit conféré aux parties lésées par l'art. 182 du Code d'instruction criminelle (2).

(1) Les gendarmes n'ont pas le droit de poursuivre un chasseur jusque dans son domicile où il s'est refugié, encore bien qu'ils ne l'aient pas perdu de vue. Leur introduction dans ce domicile, en dehors des formes légales, a pour effet, comme constituant un abus d'autorité, d'entacher d'une nullité absolue les constatations qui ont suivi. Toutefois, si les gendarmes n'ont rencontré ni opposition ni prostestation, leur introduction n'est plus qu'une simple irrégularité, couverte par le consentement tacite de la partie intéressée, et dans ce cas le procès-verbal fait foi jusqu'à preuve contraire (*Art. 16 Code d'instr. crim.. 291, 292, 630 et suivants du décret du 1er mars 1854, et arrêt de la Cour de Limoges du 30 avril 1857*. — Journal de la gendarmerie, p, 253 *du volume de 1876*).

(2) Par suite d'une convention passée avec la Belgique, les délits de chasse commis en territoire français par des Belges sont poursuivis comme les autres (*Convention du 6 août 1885*).

Par une convention en date du 7 août 1885 (Journal officiel *du 12 août, même année*), la France et la Suisse

Néanmoins, dans le cas de chasse sur le terrain d'autrui sans le consentement du propriétaire, la poursuite d'office ne pourra être exercée par le ministère public, sans une plainte de la partie intéressée, qu'autant que le délit aura été commis dans un terrain clos, suivant les termes de l'art. 2, et attenant à une habitation, ou sur des terres non encore dépouillées de leurs fruits (1).

27. Ceux qui auront commis conjointement les délits de chasse seront condamnés solidairement aux amendes, dommages-intérêts et frais.

28. Le père, la mère, le tuteur, les maitres et commettants sont civilement responsables des délits de chasse commis par leurs enfants mineurs non mariés, pupilles demeurant avec eux, domestiques ou préposés, sauf tout recours de droit.

Cette responsabilité sera réglée conformément à l'art. 1584 du Code civil et ne s'appliquera qu'aux dommages-intérêts et frais, sans pouvoir toutefois donner lieu à la contrainte par corps.

29. Toute action relative aux délits prévus par la présente loi sera prescrite par le laps de trois mois, à compter du jour du délit.

s'engagent à poursuivre ceux de leurs ressortissants qui auraient commis des délits et contraventions en matière de chasse sur le territoire étranger, de la même manière et par application des mêmes lois que s'ils s'en étaient rendus coupables dans leur pays même.

(1) L'administration forestière a le droit de transiger apour tous les faits de chasse commis dans les bois soumis u régime forestier.

SECTION IV.

DISPOSITIONS GÉNÉRALES.

30. Les dispositions de la présente loi relatives à l'exercice du droit de chasse ne sont pas applicables aux propriétés de la couronne. Ceux qui commettraient des délits de chasse dans ces propriétés seront poursuivis et punis conformément aux sections II et III.

31. Le décret du 4 mai 1812 et la loi du 30 avril 1790 seront abrogés.

Sont et demeurent également abrogés les lois, arrêtés, décrets et ordonnances intervenus sur les matières réglées par la présente loi, en tout ce qui est contraire à ses dispositions.

La présente loi, discutée, délibérée et adoptée par la Chambre des pairs et par celle des députés et sanctionnée par nous cejourd'hui, sera exécutée comme loi de l'Etat.

DONNONS EN MANDEMENT, etc.

Fait au palais des Tuileries, le troisième jour du mois de mai, l'an 1844.

Signé : LOUIS-PHILIPPE.

INSTRUCTION

SUR L'EXÉCUTION DE LA LOI DU 9 MAI 1844
RELATIVE A LA POLICE DE LA CHASSE (1)

Le garde des sceaux, ministre secrétaire d'Etat de la justice et des cultes, à MM. les procureurs généraux près les Cours royales.

Paris, le 9 mai 1844.

Monsieur le procureur général, l'opinion publique accusait, depuis longtemps, notre législation sur la chasse de faiblesse et d'insuffisance. Elle demandait contre le braconnage des moyens de répression plus sévères et plus efficaces. Le vœu qu'elle a exprimé a été entendu par le gouvernement et les Chambres : la loi sur la police de la chasse a été rendue. Si cette loi est exécutée, comme elle doit l'être, avec une sage fermeté, elle fera cesser les abus qui excitaient de si vives et de si justes réclamations. Elle sera un bienfait pour la propriété et l'agriculture, qui regardent, avec raison les braconniers comme l'un de leurs plus redoutables fléaux ; elle préservera le gibier de la destruction complète et prochaine dont il était menacé. Elle aura enfin un résultat moral qui doit l'agrandir et en relever l'importance aux yeux de tous les gens de bien ; elle empêchera une classe nombreuse et intéressante de la société de se livrer à des habitudes d'oisiveté et de désordre qui conduisaient trop souvent au crime. Les fonctions que vous remplissez vous mettent à même de reconnaître et d'apprécier mieux que personne les avan-

---

(1) Voir la circulaire du garde des sceaux du 9 mai 1844 au 3ᵉ vol. du *Mémorial*, p. 330.

tages incontestables de cette loi ; je viens vous prier d'en surveiller l'exécution et vous signaler celles de ses dispositions sur lesquelles votre attention me paraît devoir se fixer plus particulièrement.

La loi est divisée en quatre sections, dont la première renferme toutes les prescriptions relatives à l'exercice du droit de chasse. Cette première partie est celle qui contient les innovations les plus nombreuses et les plus importantes.

Art. 1er. L'art. 1er établit en principe que nul ne pourra chasser, même dans sa propriété, si la chasse n'est pas ouverte, et s'il ne lui a pas été délivré un permis de chasse par l'autorité compétente. Il modifie l'ancienne législation, en ce qu'il exige, pour tous les procédés et moyens de chasse, le permis de l'autorité, qui n'était exigé par le décret de 1812 que pour la chasse au fusil ; afin de qualifier ce permis d'une manière qui en indique la portée, il lui donne le nom de *permis de chasse*, au lieu du nom de *permis de port d'armes de chasse* sous lequel le décret du 4 mai 1812 le désignait. Pour être fidèle à la pensée de la loi, il faut entendre le mot de chasse dans le sens le plus général, et l'appliquer sans distinction à la recherche, à la poursuite de tout animal sauvage ou de tout oiseau. C'est ainsi, au surplus, que ce mot a été entendu par la Cour de cassation, même sous l'empire de la législation de 1790 et de 1812. Il en résulte que, quel que soit l'animal sauvage ou l'oiseau que l'on chasse, et, s'il s'agit d'oiseaux de passage, quels que soient le moyen et le procédé de chasse dont on soit autorisé à se servir, un permis de chasse est nécessaire.

Art. 2. L'art. 2 admet une exception au principe général posé dans l'art. 1er : il autorise *le propriétaire ou possesseur de chasser ou faire chasser en tout temps dans ses possessions attenant à une habitation et entourées d'une clôture continue faisant obstacle à toute communication avec les héritages voisins.*

L'exception est beaucoup plus restreinte qu'elle ne l'était sous l'empire de la loi du 30 avril 1790. Cette dernière loi permettait au propriétaire ou possesseur de chasser en tout temps dans ses bois et dans celles de ses possessions qui étaient séparées des héritages voisins par des murs ou des haies vives, lors même qu'elles étaient éloignées d'une habitation. Dans certains départements, où presque tous les champs sont clos de haies, l'exception détruisait la règle ; d'un autre côté, on a reconnu que la chasse dans les bois, à l'époque de la reproduction du gibier, était aussi nuisible que la chasse en plaine. On a senti la nécessité de limiter l'exception autant que possible ; elle n'est donc accordée que pour les possessions attenant à une habitation, et il faudra encore que ces possessions soient entourées d'une clôture continue formant obstacle à toute communication avec les héritages voisins.

J'appelle votre attention sur les termes employés par l'art. 2 pour désigner la clôture. Les expressions les plus fortes ont été choisies à dessein pour bien faire comprendre qu'il ne s'agit pas ici d'une de ces clôtures incomplètes comme on en rencontre beaucoup dans les campagnes, mais d'une clôture non interrompue et tellement parfaite qu'il soit impossible de s'introduire par un moyen ordinaire dans la propriété qui est entourée.

Les modes de clôture ne sont pas les mêmes dans toute la France ; ils sont très nombreux et varient à l'infini, suivant les localités. C'est pour ce motif qu'il a paru nécessaire de ne pas indiquer dans la loi un genre de clôture plutôt qu'un autre, et de se contenter d'une définition qui serve de règle aux tribunaux.

Art. 4. L'art. 4 mérite une attention particulière, à cause des innovations graves qu'il introduit dans la législation et des mesures efficaces qu'il prescrit pour prévenir et réprimer le braconnage.

Sous la législation antérieure, quoique la chasse fût

interdite pendant une partie de l'année, le commerce du gibier était permis en tout temps ; les braconniers, trouvant toujours à se défaire du produit de leurs délits, exerçaient leur coupable industrie dans toutes les saisons ; le § 1ᵉʳ de l'art. 4 détruira cette industrie. Il défend la mise en vente, la vente, l'achat, le transport et le colportage du gibier dans chaque département pendant le temps où la chasse n'est pas permise. Ses termes sont impératifs, absolus. Ils s'appliquent au gibier vendu, acheté ou transporté, quelle qu'en soit l'origine.

Celui qui usera du droit exceptionnel de chasser en temps prohibé sur son terrain attenant à une habitation et entouré d'une clôture continue n'aura pas plus que tout autre la faculté de vendre ou de transporter son gibier. On a pensé que lui accorder cette faculté c'eût été donner à d'autres le moyen d'éluder la loi, c'eût été rendre illusoires toutes les prohibitions contenues dans l'art. 4.

Il est inutile de faire observer que le gibier d'eau et les oiseaux de passage pourront être vendus et transportés pendant le temps où la chasse en sera permise par les arrêtés des préfets, lors même que la chasse et conséquemment la vente et le transport du gibier ordinaire seraient interdits.

Le 2ᵉ paragraphe de l'art. 4, qui prescrit de saisir le gibier mis en vente, vendu, acheté, colporté ou transporté en temps prohibé, et de le livrer immédiatement à l'établissement de bienfaisance le plus voisin, a paru le complément nécessaire des dispositions du 1ʳ paragraphe de cet article.

La saisie ne présentera ni difficultés ni inconvénients dans son exécution. La mise en vente, la vente, l'achat, le transport, le colportage du gibier pendant le temps où la chasse n'est pas permise constituent toujours et nécessairement une infraction à la loi. L'excuse, même celle qui serait fondée sur la provenance légitime du gibier, ne sera jamais admissible.

Le 5ᵉ paragraphe de l'art. 4 a limité les lieux ou le gibier pourra être recherché, aux maisons des aubergistes, des marchands de comestibles, et aux lieux ouverts au public.

Le droit de recherche, ainsi limité, a pu être accordé sans danger aux fonctionnaires chargés de constater les infractions à l'art. 4. En effet, le gibier qui sera découvert en temps prohibé dans les auberges, chez les marchands de comestibles et dans les lieux ouverts au public ne pourra jamais s'y trouver que par suite d'un délit.

Le dernier paragraphe de l'art. 4, en défendant de prendre ou de détruire sur le terrain d'autrui des œufs et des couvées de faisans, de perdrix et de cailles, a voulu porter remède à l'un des abus les plus nuisibles à la reproduction du gibier. Il importe que son exécution soit surveillée avec soin.

Les art. 3, 5, 6, 7 et 8 règlent tout ce qui concerne l'ouverture, la clôture de la chasse et la délivrance des permis. Les préfets, qui sont chargés spécialement de les exécuter, recevront à ce sujet des instructions particulières de M. le ministre de l'intérieur.

Art. 9. L'art. 9 prohibe d'une manière formelle tous les genres de chasse, à l'exception de la chasse de jour à tir et à courre et de la chasse aux lapins à l'aide de furets et de bourses. Sans faire une nomenclature qui aurait été impossible, il embrasse, dans sa prohibition générale, l'emploi des panneaux et des filets, avec lesquels on détruisait des volées entières de perdreaux, l'usage meurtrier des lacets, des collets, en un mot, de tous les instruments de destruction permis par l'ancienne législation, qui ne profitaient qu'au braconnier. Enfin, il interdit la plus dangereuse de toutes les chasses, la chasse de nuit, qui a été la cause de tant de meurtres et de crimes contre les personnes.

Les dispositions prohibitives contenues dans les deux premiers paragraphes de l'art. 9 ont dû recevoir quelques exceptions sans lesquelles elles auraient été beaucoup trop rigoureuses. Aussi le même article prescrit aux préfets de prendre des arrêtés pour déterminer : 1° l'époque de la chasse des oiseaux de passage autres que la caille, et les modes et procédés de cette chasse ; 2° le temps pendant lequel il sera permis de chasser le gibier d'eau dans les marais, sur les étangs, fleuves et rivières.

Ainsi, les préfets pourront autoriser la chasse des oiseaux de passage avec les instruments, les procédés usités dans le pays, même avec ceux dont l'usage est prohibé pour la chasse du gibier ordinaire.

La loi de 1790 donnait à tout propriétaire ou possesseur la faculté de chasser, en toute saison, sur ses lacs et étangs. La loi nouvelle ne lui permet cette chasse que pendant le temps qui sera déterminé par les préfets. Cette différence entre les deux législations ne vous aura pas échappé.

L'art. 15 de la loi de 1790 accordait aux propriétaires, possesseurs ou fermiers le droit de repousser, même avec des armes à feu, les bêtes fauves qui se répandraient dans leurs récoltes, et celui de détruire le gibier dans leurs terres chargées de fruits, en se servant de filets et engins. La loi nouvelle n'a pas voulu leur enlever un droit de légitime défense, commandé par l'intérêt de l'agriculture, et qu'il ne faut pas confondre avec l'exercice de la chasse ; mais elle l'a réglé, afin d'empêcher de s'en servir comme d'un prétexte pour chasser dans toutes les saisons. Tel est l'objet de l'un des paragraphes de l'art. 9.

Les trois derniers paragraphes de cet article donnent aux préfets la faculté de prendre des arrêtés : 1° pour prévenir la destruction des oiseaux ; 2° pour autoriser l'emploi des chiens lévriers pour la destruction des animaux malfaisants ou nuisibles ; 3° pour interdire la chasse dans les temps de neige.

Les mesures qui ont pour objet de prévenir la destruction des oiseaux ne seront pas nécessaires dans tous les départements ; mais il en est plusieurs où elles seront réclamées dans l'intérêt de l'agriculture, afin d'arrêter la reproduction toujours croissante des insectes nuisibles aux biens de la terre.

La loi, en prohibant l'usage des filets, a déjà fait beaucoup pour empêcher la destruction des oiseaux ; mais cette interdiction peut n'être pas toujours suffisante. Les préfets sont autorisés à employer d'autres moyens. Ainsi, par exemple, ils pourront, s'ils le jugent nécessaire, étendre aux œufs et couvées d'oiseaux la défense que le dernier paragraphe de l'art. 9 n'a prononcée qu'à l'égard des œufs et couvées de faisans, de perdrix et de cailles.

On aurait pu croire que l'emploi des chiens lévriers n'était pas compris dans les moyens de chasse prohibés. L'avant-dernier paragraphe de l'art. 9 lève toute équivoque à cet égard. Il est bien entendu que l'usage des lévriers est interdit, s'il n'existe pas un arrêté du préfet qui l'autorise, et cet arrêté ne peut l'autoriser que pour la destruction des animaux malfaisants.

La chasse pendant les temps de neige est tellement destructive qu'il a paru utile de donner aux préfets le pouvoir de la défendre par des arrêtés.

La seconde section de la loi détermine les peines applicables aux diverses infractions qui y sont énumérées. Ces peines sont : l'amende dans tous les cas, l'emprisonnement facultatif dans des cas spécifiés, la confiscation des instruments du délit, et la privation facultative, pendant cinq ans au plus, du droit d'obtenir un permis de chasse. Une disposition formelle défend de modifier les peines par l'application de l'art. 463 du Code pénal.

Tous les délits, à l'exception d'un seul, qui, à raison de son importance, est l'objet d'un article spécial, sont divisés en deux grandes catégories, dont chacune renferme les faits qui, par leur nature, se rapprochent le plus les uns des autres et ont paru susceptibles d'être soumis à la même pénalité.

Art. 11. Les infractions passibles d'une amende de 16 fr. au moins et 100 fr. au plus sont rangées dans la première catégorie et forment l'art. 11. Vous remarquerez que cet article ne prononce pas l'emprisonnement pour les délits qu'il prévoit. Cette peine ne leur deviendra applicable que dans le cas prévu par le dernier paragraphe de l'art. 14. Il faudra que le délinquant soit en récidive et n'ait pas satisfait à une condamnation précédemment encourue.

Art. 12. L'art. 12 comprend la seconde catégorie des infractions, qui ont paru mériter une peine plus sévère que les délits de la première classe. Ces infractions sont punies d'une amende obligatoire de 50 à 200 fr. et d'un emprisonnement facultatif de six jours à deux mois.

Une seule disposition de cet article exige quelques explications : c'est le paragraphe relatif à ceux qui sont détenteurs et à ceux qui seront trouvés munis ou porteurs, hors de leurs domiciles, de filets, engins, ou autres instruments de chasse prohibés.

La loi sur la pêche fluviale ne punit que les individus trouvés munis ou porteurs, hors de leurs domiciles, de filets et engins prohibés. La loi sur la chasse va plus loin : elle punit ceux qui en sont possesseurs et les détiennent dans leurs domiciles. Il a été reconnu qu'une demi-mesure serait insuffisante ; que les braconniers, qui font usage de ces immenses filets, à l'aide desquels on détruit des compagnies entières de perdreaux, n'auraient jamais l'imprudence de se montrer porteurs, en plein jour, de ces instruments de délits ; et que, pour atteindre sûrement le but que l'on devait se proposer, il était nécessaire de rechercher les filets et les engins prohibés jusque dans leurs domiciles. L'exécution de la disposition dont il s'agit ne peut faire craindre d'abus. Les visites domiciliaires, pour constater la détention des instruments de chasse prohibés, ne devront avoir lieu, comme pour les délits ordinaires, que sur la réquisition du ministère public et en vertu d'une ordonnance du juge d'instruction.

Art. 13. Le délit de chasse commis sur un terrain attenant à une maison habitée et entouré d'une clôture telle qu'elle est définie par l'art. 2 sort de la classe ordinaire des infractions de ce genre. Lorsqu'il est encore aggravé par la circonstance de la nuit, on doit le punir d'autant plus sévèrement qu'il annonce, de la part de ses auteurs, une audace qui ne reculera pas devant des actes de violence et même devant un meurtre. L'art. 13 prononce, à l'égard de ce délit, des peines qui pourront être portées, suivant les circonstances, jusqu'à 1,000 fr. d'amende et à deux ans d'emprisonnement.

Art. 16. L'art. 16 a tracé les règles à suivre pour la confiscation des instruments de chasse, la destruction de ceux de ces instruments qui sont prohibés et ne peuvent jamais servir que pour commettre des délits, et la représentation des armes, filets et engins qui n'ont pu être saisis. Ses dispositions sont claires et complètes. Je ne ferai sur cet article qu'une seule observation. La peine de la confiscation qu'il prononce ne doit pas être une peine illusoire. Pour qu'elle soit efficace, il faut que les armes et les instruments du délit qui seront déposés au greffe, par suite de la confiscation, ne soient pas des fusils hors de service, des instruments qui n'ont pas pu être employés à commettre le délit. Les agents chargés de verbaliser en matière de chasse devront être invités à désigner aussi exactement que possible les armes et les autres instruments dont les délinquants auront été trouvés porteurs, et vos substituts devront veiller à ce que les jugements qui juront ordonné la confiscation et le dépôt au greffe les objets décrits soient strictement exécutés.

L'examen des diverses pénalités portées dans la loi vous convaincra qu'elles sont graduées suivant le plus ou moins d'importance des faits auxquels elles s'appliquent. Les minimums ont été généralement fixés très bas, afin de laisser aux tribunaux une grande latitude et de leur permettre de n'infliger qu'une peine légère à ceux qui commettront accidentellement des infractions sans gravité, et que les circonstances rendront excusables.

Art. 19. D'après les art. 10 et 19, qui se lient l'un après l'autre et que, par ce motif, je n'ai pas séparés dans les observations auxquelles ils donnent lieu, les gratifications qui seront accordées aux gardes et gendarmes rédacteurs des procès-verbaux seront déterminées par des ordonnances royales, et prélevées sur le produit des amendes. La loi a voulu assurer le payement de ces gratifications, en attribuant aux gardes et gendarmes un prélèvement sur le produit des amendes qui auront été prononcées par suite de leurs procès-verbaux. Des mesures seront prises pour que la loi reçoive sur ce point une prompte exécution. Une ordonnance, préparée par les soins de M. le ministre des finances, réglera la quotité des gratifications et les moyens d'en effectuer le payement dans le plus bref délai possible.

La troisième section de la loi, relative à la poursuite et au jugement, renferme deux articles que je recommande spécialement à votre attention.

Art. 23. L'art. 23 porte que les procès-verbaux des employés des contributions indirectes et des octrois feront foi jusqu'à la preuve contraire, lorsque, dans la limite de leurs attributions respectives, ces agents rechercheront et constateront les délits prévus par le premier paragraphe de l'art. 4, c'est-à-dire la mise en vente, la vente, l'achat, le colportage et le transport du gibier en temps prohibé. Les motifs de cette disposition sont évidents. Les infractions dont il s'agit ici ne pourront presque jamais être constatées par les gardes et les gendarmes, appelés, par la nature de leurs fonctions, à rechercher plutôt les délits de chasse proprements dits qui se commettent au milieu des champs. Mais les préposés des octrois, placés à l'entrée des villes pour surveiller les objets qu'on veut y introduire, les employés des contributions indirectes, obligés par état de visiter les auberges et les lieux ouverts au public, pourront, tout en remplissant leur mission, constater sans peine le transport et la vente illicite du gibier. Leur concours était nécessaire à l'exécution d'une partie importante de la loi. Telle est la cause du nouveau pouvoir qui leur a été conféré.

Une remarque essentielle à faire sur l'art. 23, c'est que, d'après ses termes, les fonctionnaires qu'ils désignent ne pourront verbaliser valablement qu'autant qu'ils agiront dans les limites de leurs attributions ordinaires. Ainsi les employés des contributions indirectes, ne pouvant faire de visites chez les aubergistes qui se sont rachetés de l'exercice par un abonnement, n'auront pas le droit de s'y transporter pour y rechercher du gibier en temps prohibé.

Art. 26. L'art. 26 contient une dérogation à l'ancienne législation, d'après laquelle les faits de chasse sur le terrain d'autrui ne pouvaient pas être poursuivis d'office par le ministère public, sans une plainte formelle du propriétaire. A l'avenir, ils pourront l'être dans deux cas : lorsque le délit aura été commis dans un terrain clos, suivant les termes de l'art. 2, et attenant à une maison d'habitation, ou sur des terres non encore dépouillées de leurs fruits. Les faits de chasse sur le terrain d'autrui ne constituent un délit qu'autant qu'ils ont eu lieu sans le consentement du propriétaire ou de ses ayants droit. Les procureurs du roi ne devront donc user de la nouvelle faculté qui leur est accordée qu'avec une sage réserve.

Art. 30. La quatrième et dernière section, intitulée *Dispositions générales*, donne lieu à une seule observation. L'art. 30, en déclarant les dispositions de la loi sur l'exercice du droit de chasse non applicables aux propriétés de la couronne, ordonne que les délits commis sur ces propriétés seront poursuivis et punis conformément aux sections II et III. Avant la loi, il fallait recourir à l'ordonnance de 1669 pour réprimer les délits de chasse commis dans les forêts de la couronne. Ces délits seront désormais soumis aux règles du droit commun. L'ordonnance de 1669 est abrogée.

Je termine ici les observations que j'avais à vous adresser sur quelques-unes des difficultés que l'interprétation de la nouvelle loi pourra présenter. La pratique fera, sans doute, naître beaucoup d'autres questions que je n'ai pas examinées. Je suis certain d'avance que, grâce à vos instructions et à la sagesse des tribunaux, ces questions recevront une solution conforme au vœu du législateur.

L'efficacité de la loi dépend surtout de la manière dont elle sera exécutée par les fonctionnaires chargés de constater les délits. Le nombre de ces fonctionnaires est augmenté. Les gendarmes et les gardes seront secondés par de nouveux et utiles auxiliaires. Si tous ces agents de l'autorité font leur devoir, le but sera atteint.

Le zèle de vos substituts n'a pas besoin d'être stimulé. Je suis convaincu qu'ils ne négligeront rien pour assurer, en ce qui les concerne, la bonne exécution de la loi, et qu'ils donneront aux fonctionnaires placés sous leurs ordres, qui doivent y concourir avec eux, une impulsion ferme et énergique.

Je vous prie de m'accuser réception de la présente circulaire, dont je vous envoie des exemplaires en nombre suffisant pour que vous puissiez en adresser un à chacun de ces magistrats.

Recevez, etc.

Le garde des sceaux, ministre secrétaire d'Etat de la justice et des cultes,

N. MARTIN (du Nord).

LE MINISTRE SECRÉTAIRE D'ÉTAT

DE L'INTÉRIEUR

A MM. les préfets des départements.

———

Paris, 20 mai 1884.

Monsieur le préfet, la loi du 30 avril 1790 ne suffisait plus à la répression des abus de l'exercice de la chasse, et le braconnage, certain de l'impunité, s'accroissait d'une manière effrayante. Il ne s'agissait plus seulement de défendre contre une destruction totale et prochaine le gibier, qui entre dans les moyens d'alimentation d'une partie de la population, et de faire respecter une propriété d'une nature spéciale mais incontestée ; l'agriculture elle-même avait à se plaindre d'un tel état de choses : enfin la sécurité des campagnes était souvent compromise : aussi les corps constitués, les conseils généraux des départements, en particulier, demandaient-ils depuis longtemps que des mesures plus fortement répressives fussent prises contre le braconnage, ce délit moins grave peut-être comme attentat à la propriété, que par la démoralisation des individus qui s'y livrent et par les crimes auxquels il conduit fatalement.

La loi du 3 de ce mois a pour but de satisfaire à ce besoin, et je ne doute pas que tous les fonctionnaires, tous les agents appelés à concourir à l'exercice de la *police de la chasse*, appréciant l'importance de la législation nouvelle, n'en exécutent les dispositions avec le zèle et la persistance qui peuvent seuls en assurer le succès. Mon collègue, M. le garde des sceaux, ministre de la justice et des cultes, a adressé à MM. les procureurs généraux près les cours royales les instructions qu'il avait à leur donner sur les parties de la nouvelle loi qui rentrent dans les attributions des magistrats de l'ordre judiciaire. Je vais, monsieur le préfet, vous entretenir des dispositions que vous aurez à prendre, soit par vous-même, soit par les directions que vous devez donner à MM les sous-préfets, maires, officiers de gendarmerie, commissaires de police, gardes champêtres, et à tous autres agents que la loi appelle à verbaliser en matière de délits de chasse.

DÉLIVRANCE DES PERMIS DE CHASSE.

Aux termes de l'art. 1er de la loi du 3 de ce mois, *nul ne pourra chasser... s'il ne lui a pas été délivré un permis de chasse par l'autorité compétente.* L'art. 5 porte que *les permis de chasse seront délivrés, sur l'avis du maire et du sous-préfet, par le préfet du département dans lequel celui qui en fera la demande aura sa résidence ou son domicile.*

Vous aurez remarqué, sans doute, M. le préfet, la différence qui existe entre la législation ancienne et la loi nouvelle, quant à l'intitulé du titre délivré par l'autorité pour rendre licite l'exercice de la chasse. De l'ancien nom, *permis de port d'armes de chasse*, on pouvait, jusqu'à un certain point, conclure qu'il était loisible de chasser *sans permis*, de toute autre manière qu'avec un fusil C'est pour éviter toute équivoque que, dans la loi du 3 de ce mois, on a employé les mots de *permis de chasse*, qui, dans leur généralité, embrassent toute espèce de chasse, soit à tir, soit à courre, soit même la chasse des oiseaux de passage, que vous aurez à réglementer en vertu de l'art. 9.

Le permis de chasse doit être délivré *sur l'avis du maire et du sous-préfet*, d'où il faut inférer que c'est au maire que la demande, formulée sur papier timbré, doit être adressée pour qu'elle vous parvienne avec l'avis de ce fonctionnaire, par l'intermédiaire du sous-préfet, pour les arrondissements autres que celui du chef-lieu. Mais, de même que le permis de chasse peut être pris dans le département où l'impétrant *a sa résidence ou son domicile*, de même aussi la demande peut être formée devant le maire de la commune où l'impétrant est domicilié, ou de celle où il réside temporairement, et le choix ici n'est pas sans importance. En effet, aux termes du deuxième paragraphe de l'art. 5, un droit de 10 fr. par permis est attribué à la commune *dont le maire aura donné l'avis sus-énoncé.* Comme les communes rurales sont celles qui ont le plus besoin de cette nouvelle branche de ressource, et que cet intérêt doit porter les maires à surveiller les citoyens qui se livreraient à l'exercice de la chasse sans *permis,* il est nécessaire de ne délivrer de *permis* qu'à ceux qui justifieront positivement de leur résidence ou de leur domicile.

Il sera nécessaire d'ailleurs, monsieur le préfet, que vous fixiez bien l'opinion de MM. les sous-préfets et maires sur la nature de l'avis qu'ils auront à vous donner sur les demandes de permis de chasse qu'ils vous transmettront. Ainsi, cet avis ne devra pas exprimer vaguement qu'il y a ou qu'il n'y a pas lieu de délivrer le permis demandé. Comme la loi ne vous a pas laissé le droit absolu de délivrer ou de refuser des permis de chasse ; comme l'obtention du permis est le droit général, et que la faculté du refus n'est que le droit exceptionnel, il s'ensuit que les avis des maires et des sous-préfets doivent : 1°, lorsqu'ils sont favorables, exprimer qu'il n'est pas à la connaissance de ces fonctionnaires que l'impétrant se trouve dans aucune des catégories pour lesquelles le permis ne pourrait être délivré ; et

2°, si les avis sont défavorables, exprimer que l'impétrant se trouve, à leur connaissance, dans telle ou telle position qui fait obstacle à la délivrance d'un permis de chasse.

Il sera bien également que vous rappeliez à MM. les sous-préfets et maires qu'ils n'ont pas à s'occuper, dans leurs avis, de la question de savoir si l'impétrant est ou n'est pas propriétaire foncier. Aucun des articles de la loi du 3 de ce mois n'a exigé la qualité de propriétaire comme condition de l'exercice de la chasse, et l'autorité ne peut, à cet égard, faire ce que la loi n'a pas fait. Sans doute, le deuxième paragraphe de l'art. 1er porte que *nul n'aura la faculté de chasser sur la propriété d'autrui sans le consentement du propriétaire ou de ses ayants droit*; d'où il résulte que chasser sur le terrain d'autrui sans le consentement du propriétaire est un fait illicite. Mais il est à remarquer que ce fait, aux termes de l'art. 26, ne donne lieu à des poursuites, en thèse générale, que sur la plainte du propriétaire. L'adminitration ne peut donc pas plus intervenir ici d'office que ne le peut l'autorité judiciaire; elle ne peut pas plus exiger, avant de délivrer le permis, la représentation d'une permission de chasser sur le terrain d'autrui, qu'elle ne peut exiger, de la part de l'impétrant, la preuve qu'il est propriétaire foncier.

Nous allons examiner maintenant quelles sont les circonstances qui vous donnent le droit ou vous imposent le devoir de refuser les permis de chasse qui vous sont demandés.

REFUS DU PERMIS DE CHASSE.

Aux termes de l'art. 6 de la loi du 3 de ce mois, vous pouvez, monsieur le préfet, refuser le permis de chasse :

1° **A** tout individu majeur qui ne sera point personnellement inscrit, ou dont le père ou la mère ne serait pas inscrit au rôle des contributions.

N'être ni imposé ni fils d'imposé est une situation exceptionnelle, puisque la contribution personnelle atteint à peu près tous les citoyens, sauf le cas d'indigence reconnue. La circonstance prévue par ce paragraphe se rencontrera principalement dans le petit nombre de villes où la contribution personnelle est remplacée par un prélèvement sur le produit de l'octroi. Vous aurez à examiner, dans ce cas, si l'absence de l'inscription sur un rôle de contribution vous paraît un motif suffisant pour refuser un permis de chasse. La solution de cette question dépendra, en grande partie, sans doute, des renseignements qui vous auront été donnés sur la moralité de l'impétrant ; je ne puis donc que laisser à votre sagesse une décision que la loi place sous votre responsabilité, certain que vous serez toujours prêt à justifier du bon usage que vous aurez fait de cette prérogative.

Mais, s'il vous est loisible de refuser un permis de chasse à tout citoyen majeur, par le seul motif qu'il ne serait ni imposé ni fils d'imposé, et si la qualité d'imposé ou de fils d'imposé est la première condition déterminée par la loi pour qu'un citoyen majeur ait le droit d'obtenir un permis de chasse, vous reconnaîtrez sans doute que ce serait faire de ce principe une application trop rigoureuse et trop étendue, que d'exiger de tout impétrant qu'il vous justifie qu'il est imposé ou fils d'imposé. Comme je le faisais remarquer plus haut, en effet, l'absence de cette condition est une rare exception, et puisque la presque totalité des citoyens majeurs sont nécessairement imposés ou fils d'imposés' ce ne serait plus exiger qu'une formalité inutile, que d'astreindre *tous les impétrants* à joindre à leur demande un certificat ou extrait du rôle. Il suffira, ce me semble, que vous exigiez cette production de ceux à l'égard desquels vous auriez des doutes sur la question de l'inscription au rôle, et dans le cas où vous croiriez devoir vous appuyer de la non inscription pour refuser le permis demandé.

L'art. 6 de la loi vous permet encore de refuser le permis de chasse :

2° A tout individu qui, par une condamnation judiciaire, a été privé de l'un ou de plusieurs des droits énumérés dans l'art. 42 du Code pénal, autres que le droit de port d'armes ;

3° A tout condamné à un emprisonnement de plus de six mois, pour rébellion ou violence envers les agents de l'autorité publique ;

4° A tout condamné pour délit d'association illicite, de fabrication, débit, distribution de poudre, armes ou autres munitions de guerre ; de menaces écrites ou de menaces verbales. avec ordre ou sous condition ; d'entraves à la circulation des grains ; de dévastations d'arbres ou de récoltes sur pied, de plants venus naturellement ou faits de main d'homme ;

5° A ceux qui auront été condamnés pour vagabondage. mendicité, vol, escroquerie ou abus de confiance.

Toutefois, le dernier paragraphe du même article restreint la faculté du refus du permis de chasse dans la limite du délai de cinq ans après l'expiration de la peine.

La situation des individus qui se trouveraient compris dans l'une des catégories posées par la loi devra être de votre part, monsieur le préfet, l'objet d'un mûr examen. Puisqu'en effet le législateur n'a pas fait de l'une des circonstances indiquées une condition absolue de refus de permis de chasse ; puisqu'il n'y a vu qu'une considération suffisante pour attribuer à l'administration la *faculté* de refuser ce permis, il s'ensuit que les motifs de votre détermination, pour accorder ou refuser, devront être tirés surtout des circonstances

de la condamnation subie et des renseignements particuliers que vous auriez sur la moralité des individus
et sur les inconvénients qu'il pourrait y avoir pour
l'ordre public à leur attribuer légalement le droit de
chasser.

Mais de ce que la loi vous permet de refuser le permis de chasse dans les différents cas spécifiés par ces
quatre paragraphes de l'art. 6, vous n'entendrez sans
doute pas astreindre ceux qui demandent le permis à
justifier qu'ils ne se trouvent dans aucune de ces posi-
tions. Non seulement ce serait placer tous les citoyens
sous une espèce de prévention blessante pour eux,
mais encore ce serait exiger une justification souvent
impossible, puisqu'il ne leur suffirait pas de s'adresser
à l'autorité judiciaire de leur résidence pour en obtenir
un certificat de non condamnation. L'obtention du permis de chasse est, pour tous les citoyens, de droit commun; des exceptions sont faites à ce droit, dans un intérêt public; c'est donc à l'autorité qui veut appliquer
l'exception à prouver le cas exceptionnel. Ce sera, en
général, par l'avis dont MM. les maires et sous-préfets devront accompagner la demande d'un permis de
chasse, que votre attention sera appelée sur la circonstance que l'impétrant se trouverait dans telle ou telle
position qui vous autoriserait à refuser le permis, et
vous vous empresseriez alors de vérifier le fait, en
vous adressant au ministère public près le tribunal qui
aurait prononcé la condamnation sur laquelle serait
basé votre refus. Je me concerterai avec mon collègue,
M. le ministre de la justice, pour qu'à l'avenir vous
receviez les renseignements qui vous seront nécessaires
pour l'exécution de cette partie de la loi.

Après avoir énuméré, dans son art. 6, les circonstances qui *permettront* à l'administration de refuser le
permis de chasse, la loi indique, dans ses art. 7 et 8,
quels sont les individus auxquels le permis de chasse
doit être refusé.

Ce sont :

1° Les mineurs qui n'auront pas seize ans accomplis.

Vous n'exigerez certainement pas de tous les impétrants la justification qu'ils sont âgés de plus de seize ans, c'est là, pour la très grande majorité d'entre eux, un fait notoire ; mais lorsqu'il sera à votre connaissance, ou qu'il sera seulement présumable qu'un impétrant est âgé de moins de seize ans, il sera non seulement dans votre droit, mais encore dans votre devoir, d'exiger la production d'un acte de naissance ;

2° Les mineurs de seize à vingt-un ans, à moins que le permis ne soit demandé pour eux par leur père, mère, tuteur ou curateur porté au rôle des contributions.

Pour les jeunes gens que vous présumeriez être dans les limites d'âge de seize à vingt-un ans, vous devrez également, monsieur le préfet, exiger la production d'un acte de naissance, et par suite la demande devra être faite, au nom de ces jeunes gens, par les personnes que désigne la loi ;

3° Les interdits.

Les cas d'interdiction sont asssez rares et, par cela même, ils appellent assez l'attention pour que MM. les sous-préfets et maires en aient connaissance. Ils seront donc à portée de vous éclairer à cet égard dans leurs avis ;

4° Les gardes champêtres ou forestiers des communes et établissements publics, ainsi que les gardes forestiers de l'Etat et les gardes-pêche.

Il suffira sans doute que les différents agents dénommés dans ce paragraphe sachent que le droit de chasse leur est refusé par la loi, pour qu'aucun d'eux ne demande de permis ; mais si, par erreur ou autrement, une semblable demande était formulée par l'un d'eux, l'avis du maire et du sous-préfet, et, au besoin, les listes nominatives que vous pouvez faire dresser, vous mettront à portée d'obtempérer à l'injonction de la loi.

Vous remarquerez sans doute, monsieur le préfet, que les gardes des particuliers ne sont pas compris dans l'exclusion prononcée par ce paragraphe ; on comprend, en effet, que les propriétaires fonciers veulent quelquefois faire chasser par leurs gardes. Vous ne refuserez donc pas le permis de chasse aux gardes particuliers ; mais vous ferez sagement de les inviter à justifier de l'autorisation des propriétaires dont ils sont les agents ;

5° Ceux qui, par suite de condamnations, sont privés du droit de port d'armes.

Pour ces individus, je ne puis que répéter ce que je vous ai dit à l'occasion des §§ 2 à 5 de l'art. 6 ; c'est que ce sera à l'administration qu'il incombera de faire la preuve de l'existence du jugement ;

6° Ceux qui n'auront pas exécuté les condamnations prononcées contre eux pour l'un des délits prévus par la présente loi.

Lorsqu'un impétrant aurait, à votre connaissance, subi une condamnation pour délit de chasse, en vertu de la loi du 3 mai dernier, vous devez exiger de lui la preuve qu'il a exécuté la condamnation encourue. Il ne vous échappera pas d'ailleurs que, s'il y avait eu remise de la peine, ce fait équivaudrait à l'exécution de la condamnation ;

7° Tout condamné placé sous la surveillance de la haute police.

Vous avez par devers vous la liste nominative de tous les individus placés dans cette catégorie ; vous ne pouvez donc éprouver de difficulté pour leur exclusion du droit de chasse.

Je terminerai en vous faisant remarquer, monsieur le préfet, que le refus du permis peut être opposé, dès à présent, à tous les individus compris dans les cas énumérés aux nos 2, 3, 4 et 5 de l'art. 6, et 1, 2 et 3 de l'art. 8, bien que les condamnations prononcées contre eux l'aient été antérieurement a la promulgation de la loi du 3 mai dernier, et ce ne sera pas là donner à cette loi un effet rétroactif; cela résulte clairement de la rédaction même des articles précités, qui appliquent le refus du permis de chasse à tout individu *qui a été condamné*; s'il ne s'agissait pas, en effet, des condamnations déjà prononcées, le législateur aurait évidemment dit: *à tout individu qui sera condamné*. La privation du droit de chasse ne peut d'ailleurs être considérée comme une peine ou une aggravation de peine; c'est seulement une mesure de précaution que la loi permet ou prescrit de prendre dans un intérêt de sûreté publique. Aussi, ajouterai je que si, par l'effet d'une erreur, vous aviez été entraîné à délivrer un permis de chasse à un individu à qui il n'eût pas dû être accordé, vous ne devriez pas hésiter à le retirer, et, dans le cas où cet individu ne se soumettrait pas à cette mesure, à appeler sur lui l'attention des agents préposés à la répression des délits de chasse.

OUVERTURE ET CLÔTURE DE LA CHASSE.

L'art. 3 charge les préfets de déterminer l'époque de l'ouverture et celle de la clôture de la chasse. Cette attribution leur avait été dévolue déjà par l'ancienne législation; mais leurs arrêtés devront, dans l'un et dans l'autre cas. être publiés dix jours au moins avant celui indiqué pour la clôture et l'ouverture de la chasse. Cette condition doit toujours être observée; vous en comprendrez toute l'importance, puisque l'exacte exécution de l'obligation qui vous est imposée est intimement liée à la légalité des poursuites pour contravention à vos arrêtés.

Je vous recommande également, monsieur le préfet, de vous entourer toujours des renseignements les plus propres à vous éclairer sur l'époque qu'il conviendra de choisir pour l'ouverture et la clôture de la chasse. Vous consulterez surtout l'intérêt de l'agriculture et l'état des récoltes ; mais vous ne perdrez pas de vue non plus qu'il peut y avoir aussi quelques inconvénients à ouvrir la chasse plus tard qu'il n'est réellement nécessaire. Dans ce cas, en effet, de nombreuses contraventions se commettent, et les poursuites, toutes légales qu'elles soient, ne paraissent plus basées sur les intérêts réels de l'agriculture. Les avis des sous-préfets vous seront très utiles pour la fixation des jours d'ouverture et de clôture de la chasse.

Vous remarquerez d'ailleurs, monsieur le préfet, que, bien que l'article que nous examinons porte que les époques d'ouverture et de clôture de la chasse seront fixées *dans chaque département*, vous n'en conservez pas moins le droit de fixer des époques différentes pour les divers arrondissements de votre département, si des différences de sol et de température l'exigent ; c'est une faculté dont il convient, toutefois, de n'user qu'avec réserve et en vue d'une nécessité réelle, car il a été remarqué que, lorsque la chasse n'est pas ouverte immédiatement dans toute l'étendue d'un département, les chasseurs se portent quelquefois en grand nombre dans l'arrondissement où l'ouverture de la chasse est la plus précoce, et que, par suite, le gibier y est promptement détruit.

EXERCICE DU DROIT DE CHASSE.

Le droit conféré par les permis de chasse, monsieur le préfet, se trouve clairement défini par les deux premiers paragraphes de l'art. 9, et ce n'est pas une des moins importantes améliorations apportées par la législation nouvelle a un état de choses qui excitait de si vives et si justes réclamations.

Trois modes de chasse seulement sont aujourd'hui déclarés licites : 1° la chasse à tir; 2° la chasse à courre; et 3° l'emploi des furets et des bourses destinés à prendre le lapin. *Tous autres moyens de chasse,* ajoute cet article, *sont formellement prohibés.* et dans cette prohibition générale se trouve évidemment compris l'emploi des panneaux et filets de toute espèce, des appeaux, appelants et chanterelles, des lacets, collets et engins de toute espèce, au moyen desquels la destruction du gibier s'opérait si facilement, et dont l'ancienne législation n'avait pas défendu l'emploi. La chasse de nuit, de quelque manière que ce soit et quelle que soit l'espèce de gibier qu'il s'agirait de prendre, se trouve également prohibée par l'effet de cette seule disposition de l'art. 9 portant que le permis de chasse donne le droit de chasser pendant le jour.

Comme les usages qu'il s'agit de détruire aujourd'hui étaient tolérés depuis longtemps, il importe que les restrictions apportées par la loi nouvelle à l'exercice de la chasse, tel qu'il était autrefois entendu, soient parfaitement comprises par les fonctionnaires et agents qui auront à constater les contraventions commises. Je vous engage donc à développer vos instructions sur ce point, de manière à ce qu'aucune incertitude ne puisse exister sur l'application de la législation nouvelle.

Je terminerai ce que j'avais à dire sur l'exercice du droit de chasse en vous faisant remarquer que l'art. 2 de la loi accorde ce droit, *en tout temps et sans permis de chasse, au propriétaire ou possesseur, dans ses possessions attenant à une habitation et entourées d'une clôture continue faisant obstacle à toute communication avec les héritages voisins.*

La faculté exceptionnelle accordée par cet article, monsieur le préfet, existait déjà dans l'ancienne législation, et même d'une manière beaucoup plus étendue

Ainsi, il était loisible au propriétaire de chasser en to
temps, dans ses bois ou dans ses possessions entou
rées d'une clôture conforme aux usages du pays, alors
même que ces propriétés étaient éloignées d'une habitation. Des conditions plus restreintes sont aujour-
d'hui imposées au propriétaire ou possesseur de terrain clos. Non seulement il faut que la clôture soit
telle qu'elle fasse obstacle à toute communication avec
les héritages voisins, mais encore il faut que les ter-
rains sur lesquels le propriétaire chasserait soient *atte-
nants à une habitation*. Vous appellerez, sur la nécessité de la réunion de cette double condition, l'attention des fonctionnaires et agents appelés à verbaliser
des délits de chasse ; quant à la nature de clôture qui
doit être regardée comme suffisante pour établir le
droit exceptionnel du propriétaire, je n'ai aucune règle
à tracer ; les usages divers seront appréciés par les tribunaux qui auront à statuer sur les procès-verbaux
dressés.

MODES EXCEPTIONNELS DE CHASSE.

Mais, si le législateur a, dans les deux premiers
paragraphes de l'art. 9, limité comme je l'ai dit plus
haut les modes de chasse qu'il considérait comme
licites, en temps permis et de jour, par la seule obtention d'un permis de chasse, il n'a pas voulu, cependant,
apporter un obstacle absolu à la continuation de certains usages qui n'auraient pu être supprimés sans un
préjudice réel pour les localités où ils sont pratiqués,
et où ils peuvent être considérés presque comme
l'exercice d'une industrie. Il s'agit de la chasse des
oiseaux de passage qui, à des époques où quelquefois
toutes les autres chasses sont closes, arrivent en nombre
tel qu'ils forment, pour les habitants, un moyen pré-
cieux d'alimentation et de commerce.

Vous devez donc, monsieur le préfet, autoriser la continuation de cette espèce de chasse, et en régler les modes et les procédés; mais vous aurez préalablement à prendre, à cet égard, l'avis du conseil général de votre département; vous remarquerez, d'ailleurs, qu'aux termes de l'art. 9 que nous examinons, *la caille n'est plus réputée oiseau de passage*, et qu'en conséquence la chasse n'en peut avoir lieu que dans les mêmes conditions et sous les mêmes restrictions que pour toute autre espèce de gibier.

Vous devrez également, après avoir pris l'avis du conseil général, *déterminer le temps pendant lequel il sera permis de chasser le gibier d'eau dans les marais, sur les étangs, fleuves et rivières.*

Il ne vous échappera pas, d'ailleurs, que même pour la capture des oiseaux de passage, de quelque espèce que ce soit, et du gibier d'eau, un permis de chasse est nécessaire, quel que soit le procédé qu'on emploie. C'est bien là une chasse, en effet, et la prescription générale et absolue de l'art. 1er de la loi, c'est que nul ne chasse, s'il ne lui a été délivré un permis de chasse. C'est ce que vous expliquerez dans vos instructions; et pour qu'elles ne soient pas perdues de vue, sur ce point, vous ferez bien de rappeler l'obligation de l'obtention d'un permis dans les arrêtés mêmes que vous prendrez pour autoriser la chasse des oiseaux de passage et du gibier d'eau.

Vous aurez enfin, après avoir pris l'avis du conseil général, à déterminer *les espèces d'animaux malfaisants ou nuisibles que le propriétaire, possesseur ou fermier pourra en tout temps détruire sur ses terres, et les conditions de l'exercice de ce droit.* Vous remarquerez que ce n'est plus ici un fait de chasse que vous aurez à autoriser; il s'agit d'un acte de légitime défense, qui a pour objet unique de préserver les récoltes des dégâts qu'y occasionneraient certaines espèces d'animaux.

Il n'est donc pas nécessaire, pour l'exercice de ce droit, que les propriétaires soient munis d'un permis de chasse ; mais ils commettraient une contravention, et il y aurait lieu de verbaliser contre eux, si, à l'occasion de la défense de leurs récoltes, ils se livraient à l'exercice de la chasse.

Après avoir, dans les trois paragraphes que nous venons d'examiner, pourvu à l'exercice d'usages qui ne pourraient pas être abolis, mais que vous devez seulement réglementer, le même article de la loi vous *autorise* à prendre des arrêtés :

1° *Pour prévenir la destruction des oiseaux.*

Il est un assez grand nombre de départements où l'accroissement excessif des insectes est devenu pour l'agriculture un véritable fléau, et c'est à la destruction des oiseaux que ce fait est généralement attribué. Aussi, beaucoup de conseils généraux avaient-ils demandé que les préfets fussent investis du droit, que ne leur donnait pas l'ancienne législation, de prévenir la destruction des petits oiseaux.

2° *Pour autoriser l'emploi des chiens lévriers pour la destruction des animaux malfaisants, etc.*

Quelques explications sont nécessaires, monsieur le préfet, pour vous faire apprécier la portée de cette disposition.

Vous savez que l'emploi des chiens lévriers, comme moyen de chasse, est véritablement destructif, et de nombreuses réclamations se sont élevées, dans presque tous les départements, contre l'usage abusif que certaines personnes faisaient de ces animaux. Plusieurs fois les préfets ont voulu porter remède à ces abus, en défendant par des arrêtés l'emploi des lévriers comme moyen de chasse ; mais, en présence de la législation, les tribunaux n'ont pas pu donner une sanction pénale à ces arrêtés, et leurs jugements ont été confirmés par la Cour de cassation.

Désormais, l'emploi des chiens lévriers, à la chasse proprement dite, se trouve compris dans la prohibition générale formulée par l'art. 1er de la nouvelle loi contre tout autre mode de chasse que la chasse à tir et à courre. La chasse au moyen de chiens lévriers ne rentre, en effet, ni dans l'un ni dans l'autre de ces deux modes. Si quelque incertitude à cet égard avait d'ailleurs pu subsister, elle serait levée par la disposition que nous examinons, puisqu'aux termes de cette disposition l'emploi de chiens lévriers ne peut plus avoir lieu qu'en vertu d'un arrêté spécial du préfet, et que l'arrêté ne peut même autoriser cet emploi que *pour la destruction des animaux malfaisants et nuisibles*. Vous vous montrerez sans doute très réservé dans l'autorisation que vous aurez à donner, afin que les anciens abus ne puissent être continués.

3° *Pour interdire la chasse pendant les temps de neige.*

Il s'agit ici, monsieur le préfet, d'une mesure toute dans l'intérêt de la conservation du giber. Déjà elle était prise dans certains départements; dans d'autres, la légalité en avait été contestée. Cette mesure peut aujourd'hui être adoptée généralement, et vous aurez à examiner si, en raison des circonstances locales, elle vous paraît nécessaire. Vous comprenez, d'ailleurs, que les arrêtés que vous prendriez à cet effet ne sont pas soumis, comme ceux relatifs à la clôture et à l'ouverture annuelle de la chasse, au délai de dix jours de publication, pour devenir exécutoires. Il ne serait même pas possible que vous prissiez, en temps utile, des arrêtés spéciaux pour défendre l'exercice de la chasse chaque fois qu'il sera tombé de la neige. Il suffira, pour atteindre ce but, qu'à l'entrée de l'hiver vous preniez et fassiez publier un arrêté portant défense de chasser lorsqu'il y aura de la neige sur la terre.

Vous remarquerez, monsieur le préfet, que, pour les arrêtés que vous aurez à prendre en vertu des trois derniers paragraphes de l'art. 9 de la loi, il n'est plus exprimé, comme pour les trois premiers paragraphes, que vous devez prendre l'avis du conseil général. Je vous engage cependant à recourir également à cet avis ; car il s'agit ici de mesures du même ordre et sur lesquelles les lumières et les connaissances locales des membres du conseil général ne peuvent que vous être utiles. C'est d'ailleurs *sur l'avis* du conseil général que vous aurez à agir, c'est-à-dire que vous n'êtes pas tenu de statuer *conformément* à cet avis, dont vous avez le droit de vous écarter, lorsque l'intérêt public vous paraîtra le commander.

L'art. 9 de la loi n'a pas soumis à mon approbation les arrêtés que vous aurez à prendre dans les différents cas qu'il prévoit ; ces arrêtés sont donc exécutoires de plein droit, et sans autres approbations. Toutefois, vous savez que tous les actes de l'administration préfectorale ne s'exercent que sous l'autorité et le contrôle des ministres responsables ; ce principe est toujours réservé, sans qu'il soit nécessaire de l'exprimer dans chaque loi spéciale. Vous devrez donc, monsieur le préfet, m'adresser exactement une ampliation de tous les arrêtés que vous prendrez dans les différents cas prévus par l'article dont il s'agit, afin que je puisse examiner si ces actes sont conformes à l'ensemble de la législation, et vous adresser, au besoin, telles observations qu'il appartiendrait.

PROHIBITION DE LA VENTE DU GIBIER EN TEMPS PROHIBÉ.

La défense de chasser pendant certains temps de l'année restait souvent inefficace, et les braconniers n'hésitaient pas à l'enfreindre, encouragés qu'ils étaient par les bénéfices que leur procurait la vente du produit de leur coupable industrie.

L'art. 4 de la loi met un terme à cet abus, en défendant d'une manière absolue *de mettre en vente, de vendre, d'acheter, de transporter et de colporter du gibier pendant le temps où la chasse n'est pas permise.* Ces prohibitions, monsieur le préfet, s'appliquent à toute espèce de gibier, quelle que soit son origine, et alors même qu'il aurait été tué dans le cas exceptionnel prévu par l'art. 2 de la loi. Si on avait, en effet, dans ce cas, laissé au propriétaire la faculté de vendre ou transporter son gibier, on eût rendu illusoires les dispositions prohibitives de la nouvelle législation. Les propriétaires, que cette mesure pourra gêner, sentiront mieux que personne que ce sacrifice d'une partie de leurs droits était indispensable pour assurer la répression du braconnage, qui, sans cela, aurait continué à l'abri de prétextes difficiles à détruire.

Vous comprendrez, toutefois, que les prohibitions portées dans le premier paragraphe de l'art. 4 ne s'appliquent pas au gibier tué dans les circonstances prévues par les nos 1 et 2 de l'art. 9, alors que ces chasses exceptionnelles auront été autorisées par vos arrêtés. Ces actes, en effet, rendant la chasse de ces espèces de gibier licite, le transport et la vente en sont nécessairement licites aussi.

Il a paru utile que le gibier saisi ne fût pas détruit, et le deuxième paragraphe de l'art. 4 en prescrit la remise à l'établissement de bienfaisance le plus voisin, sur une ordonnance, soit du juge de paix, soit du maire en cas d'absence du juge de paix ou de saisie dans une commune autre que la commune chef-lieu de canton. Vous devez, monsieur le préfet, donner à MM. les maires des instructions nécessaires pour que le vœu de la loi soit toujours accompli. Vous ferez d'ailleurs remarquer aux maires et autres fonctionnaires et agents dans quelles limites le troisième paragraphe de l'art. 4 restreint le droit de recherche : il importe que ces limites ne soient jamais dépassées. Il suffit que la chasse soit interdite dans le département ; on ne pourrait se prévaloir de ce qu'elle ne le serait pas dans un département voisin.

Enfin, le quatrième paragraphe du même article donne à la conservation du gibier une nouvelle protection, par la défense de prendre ou de détruire, sur le terrain d'autrui, des œufs et des couvées de faisans, de perdrix et de cailles. Vous devez recommander la rigoureuse exécution de cette prohibition, dont la nécessité était si bien sentie.

ATTRIBUTIONS AUX COMMUNES.

L'art. 5 de la loi attribue aux communes une ressource nouvelle qui devra désormais figurer dans leurs budgets et dans leurs comptes. Ce produit prendra rang parmi les recettes ordinaires, et formera, dans le budget, un article de recette spéciale, sous le titre de : *Portion afférente à la commune dans le produit de la délivrance des permis de chasse.* M. le ministre des finances déterminera le mode et l'époque de versement de ce produit dans la caisse municipale.

L'art. 19 attribue également aux communes sur le territoire desquelles auront été commis des délits de chasse le montant des amendes prononcées contre les délinquants, déduction faite des gratifications accordées aux gardes et gendarmes, en vertu de l'art. 10. Jusqu'ici ce produit était compris parmi les amendes de police correctionnelle, et se confondait dans le fonds commun, dont le tiers appartient aux hospices pour le service des enfants trouvés, et les deux tiers sont distribués en secours aux communes pauvres. Désormais il devra être réuni aux recettes énoncées dans le n° 12 de l'art. 31 de la loi du 18 juillet 1837, et qui se rapportent à *la portion que les lois accordent aux communes dans le produit des amendes prononcées par les tribunaux de simple police, par ceux de police correctionnelle, et par les conseils de discipline de la garde nationale.*

Malgré la confusion de ces diverses amendes en un seul article du budget, il vous sera facile de reconnaître celles qui proviennent des délits de chasse, au moyen du compte détaillé que les receveurs de l'enregistrement et des domaines sont tenus de fournir, dans le cours de janvier de chaque année, des sommes qu'ils ont recouvrées au profit des communes pendant l'année précédente. Je désire que vous m'adressiez annuellement un état faisant connaître, par arrondissement, le chiffre exact des amendes de chasse, afin qu'on puisse se rendre compte d'une manière précise des effets résultant de l'exécution de la loi nouvelle et des ressources qu'elle procurera aux communes. Cet état contiendra aussi le relevé, par arrondissement, des sommes revenant aux communes sur le produit de la délivrance des permis de chasse.

Je n'ai rien à prescrire pour assurer le recouvrement des sommes provenant des amendes dont il s'agit, puisque les dispositions des art. 2 et 3 de l'ordonnance du 30 décembre 1823, qui fournissent à MM. les préfets les moyens de contrôler et de vérifier le travail des receveurs de l'enregistrement, sont applicables à l'espèce. Je vous engage à vous reporter, pour les détails de ce service, aux art. 792, 796 et 798 de l'instruction générale des finances du 17 juin 1840.

Les communes emploieront à l'ensemble de leurs besoins les nouvelles ressources dont elles viennent d'être dotées, et auxquelles la loi n'assigne aucune affectation spéciale. Il n'est pas à craindre que ces ressources soient jamais dissimulées et donnent lieu à des comptabilités occultes. Vous serez toujours à même

d'en faire constater l'encaissement par les receveurs
principaux et d'en surveiller l'emploi, puisque c'est à
vous qu'il appartient de délivrer les permis de chasse,
et que, d'une autre part, la distribution des sommes
entre les communes qui peuvent y avoir des droits ne
saurait se faire que sur des états soumis à votre contrôle et à votre approbation.

GRATIFICATIONS AUX GARDES ET GENDARMES.

L'art. 10 assure aux gardes et gendarmes, rédacteurs
de procès-verbaux ayant pour objet de constater les
délits de chasse, une gratification qui sera prélevée sur
le produit des amendes. Le taux de cette gratification
sera fixé par ordonnance royale, et des instructions
seront données par M. le ministre des finances pour en
assurer le payement.

Je saisis cette occasion pour vous engager à prému-
nir de nouveau MM. les maires sur les inconvénients,
les dangers mêmes de certaines transactions qu'ils au-
torisent quelquefois entre les gardes rédacteurs de
procès-verbaux et les particuliers atteints par ces
procès-verbaux. Des maires croient pouvoir arrêter les
poursuites en exigeant des délinquants, soit une gratification en faveur du garde, soit même le versement
d'une somme quelconque en faveur des pauvres de la
commune. Sans méconnaître les intentions de ces fonctionnaires, on ne peut se dissimuler qu'ils excèdent
leurs pouvoirs, qu'ils contreviennent, soit à nos lois
pénales, soit à nos lois financières, et qu'ils s'expose-
raient à être poursuivis comme concussionnaires, en
vertu de la disposition finale des lois annuelles de
finances. Vous devrez donc rappeler à MM. les maires
avec force, le danger auquel ils s'exposent. Quant aux
gardes, faites-leur savoir que vous n'hésiterez pas à
prononcer la révocation de tous ceux qui auraient con-

senti à se prêter à de semblables transactions, **sans** préjudice des poursuites en prévarication qui pourraient être exercées contre eux.

Je n'ai pas à vous entretenir, monsieur le préfet, des dispositions de la loi comprises dans les art. 11 et suivants ; elles sont dans les attributions de l'autorité judiciaire, et M. le garde des sceaux a adressé à MM. les procureurs généraux les instructions que pouvait exiger cette partie de la législation nouvelle.

Vous apprécierez, je n'en doute pas, monsieur le préfet, toute l'importance de la loi du 3 mai 1844 ; je ne puis donc que vous recommander d'engager tous les fonctionnaires et agents qui ressortent de votre administration à concourir avec zèle à la répression d'abus qui excitaient depuis longtemps de vives et justes réclamations.

Recevez, monsieur le préfet, l'assurance de ma considération distinguée.

Le ministre secrétaire d'État au
département de l'intérieur,

T. DUCHATEL.

EXTRAIT

de la loi de finances du 27 décembre 1890, modifiée par la loi du 28 avril 1893.

————

. . . .
. . . .

Art. 11. Le produit des amendes et condamnations pécuniaires prononcées par les tribunaux répressifs, dont le recouvrement a été confié aux percepteurs par la loi du 29 décembre 1873, est attribué comme suit :

Le produit des amendes en principal est réparti annuellement dans chaque département de la manière suivante :

20 p. 100 pour l'Etat;
80 p. 100 pour le fonds commun.

Les décimes sur les amendes en principal, les frais de justice, les confiscations, les réparations au profit du Trésor et les droits de poste sont acquis à l'Etat.

Les frais d'extraits d'arrêts et de jugements sont encaissés pour le compte du fonds commun qui en fait l'avance.

Sur le fonds commun sont prélevés, en vertu de mandats de payement du préfet :

1° Les frais de poursuites exposés en vue du recouvrement et tombés en non-valeur;

2° Les gratifications dues aux agents verbalisateurs, *à raison de 10 francs* par condamnation *prononcée* en matière de chasse ou de pêche, *et de 1 fr.* 25 par condamnation *recouvrée* en toute autre matière donnant lieu à gratification;

3° Le payement des droits dus aux greffiers des cours et tribunaux pour les extraits d'arrêts et de jugements adressés *dans les délais réglementaires* au service du recouvrement.

Ces prélèvements opérés, le reste du fonds commun est attribué, savoir :

Un quart au service des enfants assistés ;

Trois quarts aux communes suivant la répartition faite par la commission départementale, après avoir entendu l'avis ou les propositions du préfet, conformément à l'article 81 de la loi du 10 août 1871.

En cas de transaction ou de remise sur amendes encourues ou prononcées, la gratification due à l'agent verbalisateur est toujours réservée.

. . . .

Les dispositions qui précèdent sont applicables à l'Algérie.

Sont abrogées **toutes** dispositions contraires à la **présente loi.**

CIRCULAIRE DU MINISTRE DE L'INTÉRIEUR

Au sujet des battues communales.

———

Paris, le 4 décembre 1884.

Monsieur le préfet, l'art. 90, § 9, de la loi du 5 avril 1884 porte que le maire est chargé, sous le contrôle du conseil municipal et la surveillance de l'administration supérieure. de prendre, de concert avec les propriétaires ou les détenteurs du droit de chasse dans les buissons, bois et forêts, toutes les mesures nécessaires à la destruction des animaux nuisibles désignés dans l'arrêté du préfet, pris en vertu de l'art. 9 de la loi du 3 mai 1844.

Des maires ayant, en raison de cette disposition, autorisé des battues dans leur commune, on s'est demandé si ce texte donne à l'autorité municipale le droit de prendre ces mesures de destruction.

Le paragraphe 9 de l'art. 90 a été introduit sans débats, sous forme d'amendement, au projet primitif. Il n'a été ultérieurement ni discuté ni modifié, et on ne peut, pour résoudre la question posée, que se reporter au texte lui-même.

La loi des 16-24 août 1790 confiait à l'autorité des corps municipaux « le oin d'obvier aux événements fâcheux qui pourraient être occasionnés par..... la divagation des animaux malfaisants ou féroces ». La loi du 5 avril 1884. en conservant l'esprit et presque la lettre de ce texte (art. 97, § 8) y a ajouté (art. 90) la disposition qui charge les maires de prendre « toutes les mesures nécessaires à la destruction des animaux nuisibles ».

Les procédés les plus communément usités pour cette opération sont les pièges, le poison et les armes à feu. Certains animaux peuvent être enfumés dans leurs terriers. Enfin, quand les mesures individuelles prises par les soins des propriétaires intéressés ne suffisent pas, la loi permet de recourir aux mesures d'ensemble connues sous le nom de battues. Il n'est pas douteux qu'en chargeant les maires de se concerter avec les propriétaires pour prendre « *toutes* les mesures nécessaires », le législateur n'ait visé tous les procédés de destruction sans en excepter aucun.

La loi du 5 avril 1884 autorise donc les maires à organiser des battues.

Le décret du 19 pluviôse an v n'ayant pas été abrogé par la nouvelle loi, il en résulte que ces sortes de moyens de destruction peuvent être ordonnés, suivant les cas, par les préfets et par les maires. Des premiers relèvent naturellement les battues qui portent sur le territoire de plusieurs communes; des derniers, celles qui ne dépassent pas les limites d'une circonscription communale.

Rien n'est changé à la réglementation des battues ordonnées en vertu du décret du 19 pluviôse an v. Conformément à la jurisprudence adoptée par le Conseil d'Etat, au sujet de laquelle vous avez reçu les instructions nécessaires, vous continuerez, avant de statuer sur les demandes, de vous concerter avec l'administration forestière. sous la surveillance de laquelle les battues doivent être placées, et vous aurez soin de ne jamais comprendre dans la nomenclature des animaux à détruire ceux qui ont le caractère de gibier, à l'exception du sanglier, même quand ils auraient été rangés au nombre des espèces nuisibles par l'arrêté qui régit la police de la chasse dans votre département.

Les mesures de destruction ordonnées par l'autorité

municipale ne sont pas soumises à ces diverses conditions. L'administration forestière n'aurait à intervenir que si elles étaient exécutées dans les forêts soumises à son régime, et l'art. 90, § 9, de la loi du 5 avril 1884 dispose expressément qu'elles peuvent être dirigées contre tous les animaux nuisibles, ayant ou non le caractère de gibier, qui ont été désignés comme tels dans l'arrêté réglementaire pris par le préfet en vertu de cet article.

L'exercice de ce droit a d'ailleurs été soumis à des conditions qui paraissent suffisantes pour prévenir les abus. Les mesures de destruction ordonnées par les maires doivent en effet être prises « de concert avec les propriétaires ou les détenteurs du droit de chasse dans les buissons, bois et forêts » ; d'où il résulte que l'opposition des parties intéressées peut empêcher les battues de cette espèce. Ces mesures sont soumises d'ailleurs au contrôle du conseil municipal et à « la surveillance de l'administration supérieure » dont vous êtes le représentant dans votre département et dont il vous appartient, en toute circonstance, de sauvegarder les droits.

L'art. 90 de la loi du 5 avril 1884 charge encore le maire « de faire, pendant le temps de neige, à défaut des détenteurs du droit de chasse à ce dûment invités, détourner les *loups* et *sangliers* remis sur le territoire, et de requérir, à l'effet de détruire ces animaux, les habitants, avec armes et chiens propres à les chasser ». Lorsque la terre est couverte de neige, les animaux dont il s'agit se remettent parfois sur un étroit espace de terrain et leurs traces deviennent faciles à suivre. Le législateur a voulu que cette circonstance fût mise à profit pour la destruction d'espèces particulièrement malfaisantes et dangereuses. Il y a là pour les maires non un droit seulement mais un devoir.

Les battues ordonnées par le maire, soit en temps ordinaire, soit en temps de neige, demeurent naturel-

lement placées sous sa surveillance. Il lui appartient
donc de veiller à ce qu'elles ne soient pas détournées
de leur objet et ne servent pas de prétexte pour commettre des délits de chasse. Il prendra soin que la
direction en soit remise en bonnes mains, soit qu'il
désigne lui-même le chasseur chargé de conduire les
opérations, soit qu'il en laisse le choix aux propriétaires intéressés.

Vous remarquerez d'ailleurs que la nouvelle loi
laisse intact le droit reconnu par la loi du 3 mai 1844,
au propriétaire, possesseur ou fermier, de détruire,
sur ses terres, en tout temps et sans permis, dans les
conditions fixées par votre arrêté, tous les animaux
classés dans la catégorie des nuisibles, ainsi que le
droit de repousser ou de détruire, même avec des
armes à feu, les bêtes fauves qui porteraient dommage
à ses propriétés.

Dans le cas où l'arrêté permanent qui régit la police
de la chasse dans votre département contiendrait des
dispositions contraires aux présentes instructions, il y
aurait lieu de les modifier suivant ces indications.

En raison des dispositions nouvelles introduites par
la loi du 5 avril 1884, il sera nécessaire d'adresser aux
maires de votre département des instructions spéciales
sur l'application du paragraphe 9 de l'art. 90, pour
leur faire connaître les droits que cette législation leur
confère et les devoirs qu'elle leur impose.

Je vous prie de vouloir bien m'accuser réception de
la présente circulaire.

Recevez, etc.

Pour le ministre de l'intérieur :

Le sous-secrétaire d'Etat,

L. Laroze.

CIRCULAIRE DU MINISTRE DE L'INTÉRIEUR

Au sujet de la vente et de l'importation du gibier.

Paris, le 22 janvier 1887.

Monsieur le préfet, l'attention du gouvernement a été appelée, au cours d'une délibération du Sénat, sur le colportage et la vente illicites de gibier.

En attendant que la loi en préparation fournisse des moyens nouveaux de réprimer les délits de cet ordre, il a pris l'engagement d'assurer la stricte exécution de la loi en vigueur. C'est à vous qu'il appartient de prendre les mesures nécessaires pour mettre fin aux plaintes qui ont été portées à la tribune parlementaire.

Il est indispensable, pour procéder utilement, de se reporter aux règles qui régissent le colportage et la vente du gibier *indigène* et aux tolérances qui ont été établies au profit de certaines espèces de gibier *exotique*.

Pour le gibier *indigène*, il est de principe qu'aucun gibier ne peut être colporté et vendu que pendant le temps où il peut être chassé, et cela dans chaque département, attendu que les arrêtés pris par les préfets n'ont pas d'effet hors des limites de leur circonscription administrative. Cette règle ne comporte d'exception que pour le colportage et la vente du gibier pendant la suspension momentanée de la chasse en temps de neige; pour le colportage des sangliers détruits comme animaux nuisibles, qui peut avoir lieu en tout temps sans autorisation, et pour le colportage des lapins de garenne, dans les départements où l'arrêté du préfet en permet la destruction en tout temps.

En dehors des exceptions qui précèdent, aucun gibier *indigène* ne peut être colporté ou vendu après la clôture, à moins que la réglementation établie n'autorise des chasses exceptionnelles. Dans les départements où ces sortes de chasses sont permises, le seul gibier qui puisse être colporté après la clôture principale, c'est celui qui fait l'objet de ces chasses, et dont la nomenclature est dressée. en ce qui concerne, le gibier d'eau et les oiseaux de passage, par l'arrêté pris en vertu de l'art. 9 de la loi du 3 mai 1844 modifiée par celle du 22 janvier 1874.

Le gibier *exotique* bénéficie de certaines dispenses que ne règlent ni les lois en vigueur ni les arrêtés des préfets. Dans l'intérêt de l'alimentation publique, mes prédécesseurs, d'accord avec leurs collègues des départements intéressés, ont admis à l'importation, au colportage et à la vente *en tout temps*, les espèces ci-après dénommées : *les grouses d'Ecosse ; le coq des bois ou grand coq de bruyère ; la gélinotte noire ou coq de bruyère à queue fourchue ; la gélinotte blanche ou logapède des saules ; la gélinotte cupido ; la perdrix blanche ; le colin de Virginie ; le lièvre blanc de Russie ; le sanglier, la renne et le gibier d'eau de toute provenance. Les cailles* de provenance étrangère ont été l'objet d'une mesure spéciale. La circulaire du 11 mars 1878 en autorise l'importation, le colportage et la vente sur le territoire français, jusqu'au 1er mai, lorsqu'il n'en a pas été autrement ordonné.

Il résulte de là que l'interdiction, formulée à l'art. 4 de la loi du 3 mai 1844, de mettre en vente, vendre, acheter, transporter et colporter le gibier pendant le temps où la chasse n'est pas permise, comporte, en fait, de nombreuses exceptions. D'autre part, la faculté de chasser et par conséquent de colporter le gibier aquatique et les oiseaux de passage après la clôture de la chasse du gibier ordinaire rend très difficile la répression du braconnage. Mais plus il est facile d'enfreindre la loi et les règlements établis par vos soins en vertu de l'art. 9, plus vous devez vous étudier à en assurer l'observation.

A cet effet, je vous prie d'inviter les maires, commissaires de police, gendarmes, gardes champêtres, gardes forestiers, gardes-pêche, employés des contributions indirectes et des octrois, à redoubler de zèle dans l'accomplissement de la mission de surveillance qui leur incombe, et à dresser procès-verbal contre tout délinquant, sans se laisser détourner de leur devoir par aucune considération.

De la répression énergique du braconnage dépend, en grande partie, la conservation du gibier, qui devient chaque jour plus rare et tend à disparaître dans certains départements.

Je vous prie de m'accuser réception de la présente circulaire.

Recevez, etc.

Le président du conseil,
ministre de l'intérieur et des cultes,

RENÉ GOBLET.

CIRCULAIRE DU MINISTRE DE L'INTÉRIEUR

Au sujet des pigeons voyageurs.

———

Paris, le 6 avril 1887.

Monsieur le préfet, depuis plusieurs années, de grandes quantités de pigeons voyageurs sont tués pendant la durée de la chasse, soit par des braconniers, soit par des chasseurs, qui se croient fondés à les assimiler au gibier ordinaire.

Dans l'intérêt de l'Etat, qui a reconnu l'utilité des colombiers militaires, et dans l'intérêt des sociétés colombophiles, qui s'imposent des sacrifices pour l'élève de ces oiseaux, mon département a été invité à intervenir pour les protéger contre la destruction.

Les diverses espèces de pigeons ne sont pas susceptibles d'une réglementation uniforme. Ceux qui vivent à l'état sauvage sont classés, dans plusieurs départements, par les arrêtés réglementaires de la police de la chasse, dans la nomenclature des animaux nuisibles, que le propriétaire peut détruire, sur ses terres, en tout temps et sans permis. Les pigeons domestiques sont régis par la loi du 4 août 1789. De la jurisprudence qui s'est établie en cette matière, il résulte que, dans les communes où la fermeture des fuies ou colombiers est ordonnée, pendant un temps déterminé par les arrêtés spéciaux, le pigeon est, durant cette période, considéré comme gibier et susceptible d'être chassé. Lorsqu'aucun arrêté ne prescrit la fermeture des fuies ou colombiers, et c'est le cas le plus ordinaire, les pigeons sont considérés comme propriété privée. A ce titre, ils ne peuvent être chassés ; mais le propriétaire a le droit de les tuer sur ses terres, même à l'aide d'armes à feu, s'ils portent dommage à ses propriétés. Il ne lui est, d'ailleurs, pas permis de les enlever, et il doit les laisser sur place.

Cette législation ne protège pas suffisamment le pigeon voyageur. Mais, en raison des services spéciaux auxquels on l'emploie, cet oiseau ne rentre plus dans les conditions prévues par la loi du 4 août 1789 et semble comporter une réglementation spéciale. Le pigeon de course perd son caractère de gibier et devient un oiseau essentiellement utile. L'oiseau qui peut, à l'occasion, servir de messager à une population assiégée ne semble pas avoir moins de titres que celui dont l'utilité consiste à dévorer les insectes. pour entrer dans la catégorie des oiseaux utiles et bénéficier ainsi de la disposition de la loi du 22 janvier 1874, qui permet aux préfets de prendre des arrêtés pour protéger ces espèces contre la destruction.

Tel est aussi le sentiment de mes collègues des départements du commerce, de la guerre et de la justice, dont j'ai eu soin de prendre l'avis. La classification des pigeons voyageurs dans la catégorie des oiseaux utiles aura, d'ailleurs, pour effet de provoquer sur cette matière des décisions judiciaires et de créer une jurisprudence à laquelle l'autorité administrative ne manquera pas de conformer ses décisions.

Pour ces motifs, je vous prie de vouloir bien prendre un arrêté à l'effet d'interdire, dans votre département, la capture et la destruction, en tout temps et par tous procédés. des pigeons voyageurs. Si votre département se trouve du nombre de ceux où la chasse de certaines espèces utiles est déjà prohibée par la réglementation en vigueur, l'arrêté que vous prendrez à l'occasion des pigeons de course pourrait sans inconvénient en reproduire la liste et donner ainsi une nomenclature complète des oiseaux dont la chasse est interdite sous toutes les formes et en toute saison.

Cet arrêté visera la loi du 4 août 1789, la loi du 22 janvier 1874, l'arrêté, s'il y a lieu, qui régit la police de la chasse dans votre département et les présentes instructions.

La constatation des contraventions, qui incombera, par l'effet de votre arrêté, aux divers agents chargés de la police de la classe, ne présente aucune difficulté, Pour s'assurer si les pigeons capturés ou abattus. appartiennent aux espèces dont la chasse est interdite, il suffira aux agents de regarder s'ils portent. sous les grandes pennes des ailes, le cachet d'une société ou d'un établissement colombophile. Tout pigeon revêtu de cette marque fait partie des colombiers postaux. Quant au chasseur, il reconnaîtra assez facilement le pigeon voyageur, oiseau de haut vol et de petite taille, pour ne pas le confondre avec les espèces domestiques ou sauvages.

Je désire que l'arrêté que vous prendrez conformément aux instructions contenues dans la présente circulaire me soit communiqué. afin que je puisse vous présenter telles observations qu'il appartiendra.

Recevez, etc.

Le président du conseil,
ministre de l'intérieur et des cultes,

René GOBLET.

TABLE ALPHABÉTIQUE.

—